Mes guerres

À mes parents,
à mes trois filleuls,
aux hommes qui ont partagé ma vie.

Prologue

23 octobre 2019

Chère Madame Jacquemin,

Je vous écris car j'aimerais vous inviter dans le lycée où j'enseigne, à Cologne. J'essaie d'éveiller chez mes élèves une conscience politique et civique, de leur parler du monde que vous connaissez si bien.

Je suis vos reportages depuis mon adolescence. Vos réflexions et votre foi en l'humanité m'ont toujours touchée. Vous déplorez l'indifférence et l'égoïsme ambiants, vous critiquez les années à tout miser sur la militarisation en Afghanistan au lieu d'investir dans la santé, l'éducation, la culture... Votre hôpital à Kaboul est une telle réponse au désespoir, la preuve concrète de ce que l'on peut accomplir avec détermination et ambition.

Mes élèves sont en quête de sens, inquiets pour leur avenir, pour la planète, face à la montée des extrémismes. J'aimerais tellement pouvoir leur proposer une alternative : votre engagement, votre parler vrai, le poids de vos décennies aux quatre coins de la planète. À mes yeux, vous avez toujours contribué à faire germer l'humanisme plus farouchement que d'autres cultivent la haine.

Et si votre emploi du temps vous empêche de venir nous voir, à quand un livre témoignage ?

Cordialement,

Mélanie Freynet,

Gymnasium Kreuzgasse, Cologne

Que répondre à cette femme qui me prête tant d'importance ? C'en est presque gênant.

Et si pour une fois je disais oui ? Oui à mes trois filleuls qui m'interpellent régulièrement sur mon métier, trop jeunes pour avoir suivi mes péripéties. Oui aux éditeurs, à mes proches ou aux anonymes qui me l'ont demandé à maintes reprises. Est-ce suffisant pour que je me prête à l'exercice ? On m'a souvent dite « pionnière » dans mon domaine. Loin de là. Plusieurs grandes femmes du journalisme ont arpenté ces terrains avant moi, avec maestria.

Je n'ai aucune prétention littéraire. Pourquoi écrire ? Tant de livres sur la vie des reporters de guerre dans les vitrines des librairies…

Les mois, le Covid, les années passent. L'idée du livre se noie très vite dans mes voyages. L'enseignante revient à la charge avec sa curiosité : « Alors, ce livre ? »

Et la vie semble me faire un clin d'œil : pourquoi ai-je récemment retrouvé des piles d'articles, des lettres de téléspectateurs, des photos-souvenirs conservées par ma mère ? Je découvre dans sa cave des cartons qu'elle a stockés secrètement tout au long de ces trente-cinq années où elle m'a vue partir sans savoir si j'allais revenir. Comme un dernier cadeau laissé en héritage, à présent qu'elle vient de me quitter. Que voulait-elle que j'en fasse ? Elle qui savait mieux que personne que je n'ai jamais cherché la lumière, m'envoie-t-elle un signe ?

Et par quel hasard entre dans ma vie au même moment une archiviste qui se passionne pour ces vieilleries ? Sans elle, je les aurais jetées. Pourquoi s'obstine-t-elle durant des années à exhumer sur le site de l'INA deux mille de mes reportages qui me renvoient à un passé oublié ? Sa détermination me trouble et me dépasse.

Je reçois cette femme, la quarantaine, passionnée de transmission et très attentive à la marche du monde, comme une réponse à tous mes doutes. Non, je n'ai pas rêvé, tous ces visages qu'elle ressuscite, ces vies croisées, ces détresses, c'est bien moi qui leur ai tendu mon micro. Si j'ai passé mon existence à éviter le passé, trop de larmes et de morts, pourquoi rouvrir ces cicatrices ? J'ai vécu tout entière dans l'action, sans jamais me retourner : une question de survie. Voilà presque un an que j'ai dit stop au terrain, j'ai épuisé mon capital chance. Ne pas faire la guerre de trop. Être raisonnable, ce qui m'est le plus étranger.

Le temps du bilan ?

Février 2023

Et si je refaisais le voyage à l'envers ?

Première partie

Destin d'une femme

« Le monde est dangereux à vivre. Non pas tant à cause de ceux qui font le mal, mais à cause de ceux qui regardent et laissent faire. »

Albert Einstein

1

Baptême du feu

Sud-Liban, 22 mars 1985

Sans sommation, le char nous vise et tire. Un éclair blanc. Sous mes yeux, le caméraman est projeté en l'air, il implose. La tête du preneur de son est scalpée.

Ici, au bout de cette route, ma vie vient de basculer pour toujours. Je touche au plus près la signification du mot *guerre*. C'est mon premier reportage en zone de conflit. Je suis en état de choc, de sidération. Ça n'a pas de sens. L'équipe de CBS filmait à deux mètres de moi. Toufik et Behize, morts ? En une fraction de seconde ? Les cris des enfants me tirent de ma stupeur. Ils étaient à mes côtés, eux aussi sont touchés. Des éclats d'obus dans leurs petites têtes. Ils saignent beaucoup. Je me tâte pour savoir si je suis indemne. Surtout, ne pas paniquer.

Je regarde autour de moi dans ce village désert, Ksar Melki. La Mercedes beige a encaissé une partie du choc. Elle nous a protégés, les enfants et moi.

Alain Ménargues, spécialiste de la région pour France Inter, m'a laissée le suivre dans cette mission. Je le vois sortir, affolé, de la maison où il interviewait les rares habitants qui n'avaient pas encore pu s'enfuir. Trois femmes, deux hommes et trois enfants. Il hurle :

— Couchez-vous ! À terre !

Il vient de repérer que la tourelle du char opère un quart de tour, que la bouche du canon nous pointe à nouveau. Il tire encore. Un souffle étouffé, suspendu, suivi d'une déflagration. Notre chauffeur, Jamal, qui essayait de nous porter secours, s'effondre, touché dans le dos par un éclat. Il hurle de douleur, puis murmure à l'infini : « *El hamdilla, al salameh !* », « Je remercie Dieu d'être encore en vie. »

— Il faut se barrer d'ici, Marine, très vite ! crie Alain. Rampe avec les femmes et les enfants jusqu'à la voiture ! Les clés sont dessus. Tu la vois ? Elle est en face ! C'est la seule !

— Et toi ?

C'est là que l'on reconnaît le grand reporter :

— C'est toi ou moi. Ne t'inquiète pas, j'ai l'habitude. Rendez-vous à Beyrouth, à l'hôtel Cavalier. On fêtera ton baptême du feu.

Je suis loin d'être rassurée. Le char est toujours là, Alain reste auprès des blessés et des morts. Je fonce vers Saïda. Dans la voiture, les enfants sanglotent, les femmes aussi. Nous sommes tous traumatisés. Nous roulons sans un mot jusqu'au premier barrage.

J'attendrai Alain pendant des heures.

À l'hôpital, les enfants sont pris en charge. Selim Nassib, correspondant de *Libération*, m'interroge sur ce qui s'est passé. M'efforçant de résister à l'émotion, j'essaie de relater les faits tels que je les ai enregistrés : le char qui tire, les reporters de CBS morts à mes pieds, la voiture, la fuite éperdue. Alain est resté, j'ai peur. Le char peut-il encore tirer ? Face à mon désarroi, Selim, reporter de guerre rompu au siège de Beyrouth et aux massacres de Sabra et Chatila, est l'image de la bienveillance. Ce que je viens de vivre ne l'étonne pas. Pour lui, c'est un drame ordinaire. Comment l'oublier, lui et ses mots qui me recadrent dans la réalité affreusement banale de la guerre ?

Je mettrai des années à m'en remettre. J'étais venue à Beyrouth rejoindre l'homme de ma vie, et me voilà aimantée pour toujours par ces mondes irradiés par la violence et la guerre, à quelques heures de Paris. La paix n'aura jamais plus le même goût.

J'aurais dû mourir ce jour-là.

2

Garçon manqué

Enceinte, maman se promène au marché aux puces de Saint-Ouen. Dans le taxi qui la reconduit chez elle, elle perd les eaux. Panique à bord. Elle a déjà fait plusieurs fausses couches. Et si elle arrivait trop tard ? Le chauffeur met le pied au plancher jusqu'à la clinique la plus proche. Prématurée, « 1,750 kilo de bonheur, en bonne santé », précisera-t-elle à la famille. Je viens de gagner ma première bataille dans le ventre de ma mère.

Mes parents se sont rencontrés sur les bancs de l'école maternelle, dans l'est de la France. Mon père vient d'un milieu simple, fils d'une paysanne qui se retrouve, à vingt-cinq ans, veuve de guerre avec trois enfants en bas âge. Ennemie jurée des conventions, elle fume des Meccarillos, porte des pantalons, boit quelques verres de rouge en solitaire, tout ce qui rend une femme indécente. Très belle, elle a vécu une histoire d'amour avec un architecte vénitien, marié, venu reconstruire cette région française en ruine. Le divorce n'existant pas en Italie, l'architecte quitte ma grand-mère à regret. Mon père est donc né bâtard. Enfant, il tente de se faire invisible et silencieux sous les regards et les commérages de ce petit village. Il compense sa souffrance et sa différence par un tempérament affable et bienveillant. La forêt est son école. Il rêve d'étudier mais il lui faut travailler. Il ne cessera de s'instruire par la lecture tout au long de sa vie. De lui, j'hérite cette règle : ne jamais se plaindre, ne jamais déranger. Dans mon enfance solitaire, j'observe au lieu d'agir. Je cherche ma place entre deux mondes. Celui de ma mère est très différent : sa famille, les Watier, a possédé quelques grands magasins à la frontière franco-allemande. Il était souvent question à la maison de cette fortune perdue lors des soubresauts de l'Histoire, dans cette région tantôt française, tantôt allemande. Ma grand-mère en conserve l'élégance et la culture.

Le bûcheron et la bourgeoise se sont ainsi aimés, contre vents et marées. Ce grand écart sociétal a sans doute nourri mon goût pour les autres, du balayeur au président.

Je grandis sous les toits de Paris dans un petit appartement dont je garde quelques bribes de souvenirs joyeux. Ma mère a renoncé pour mon père à ses rêves d'études. Elle assume les conséquences de son engagement avec son chasseur amoureux de la nature. Mes parents me répètent que l'essentiel est d'avoir un toit, quel qu'il soit. Ils m'offrent très vite beaucoup de liberté et d'indépendance. Je suis déjà curieuse de tout, j'apprends de ma mère que l'amour surpasse toutes les conventions et qu'il faut écouter son cœur, à n'importe quel prix.

Le prix de l'amour fou ? Je le découvre violemment à huit ans. La meilleure amie de ma mère a deux enfants, mes amis de toujours. Un soir, nous dînons tous les cinq, les pères sont à la chasse.

Je sens qu'il se passe quelque chose d'important. Je ne comprends pas pourquoi nos mamans pleurent. Pierre, qui a mon âge, n'a pas son air joyeux habituel et insiste pour rester dormir à la maison. Sa mère refuse catégoriquement.

Au petit matin, je suis réveillée par des sirènes, je regarde la rue par la fenêtre de ma chambre, d'où j'ai pris l'habitude le soir d'envoyer des baisers à Pierre, qui habite en face. Il y a là trois cercueils, un grand, deux petits. Maman entre en larmes. Elle qui n'est pas d'un tempérament câlin me serre très fort dans ses bras.

— Maman, pourquoi tu pleures ? Qu'est-ce qui se passe ? Pourquoi des pompiers ? Il y a le feu ? C'est quoi, ces boîtes dans la rue ?

Comment pourrait-elle m'expliquer le drame de la nuit, le geste définitif d'une femme bafouée qui, en allant se coucher, entourée des deux amours de sa vie, décide d'ouvrir le gaz et d'en finir ? Cette première confrontation avec la mort reste sans réponse, mes parents sont démunis face à mes questions.

Et si j'avais insisté pour que Pierre reste ?

La mort devient concrète. J'en ai déjà entendu parler par mon grand-père maternel, Jean. Très jeune, ce Breton a décidé de faire le tour du monde à cheval. L'Ulysse en herbe interrompra assez rapidement son odyssée : les dieux placent Pénélope sur sa route, en Lorraine. Elle s'appelle Antoinette. Rattrapé par la déclaration de guerre en août 1914, le voilà enrôlé. Il combat dans les tranchées de Verdun avant d'épouser sa conquête.

Des décennies plus tard, son désir d'avoir un petit-fils se reporte sur moi. À l'âge où j'aurais dû jouer à la poupée, alors que ma grand-mère me fait des boucles anglaises et m'habille de soie et de velours, Jean, indifférent à ces frous-frous, m'abreuve de ses récits et m'emmène sur les lieux de la bataille de Verdun. J'adore cet homme au regard aigue-marine et à la peau claire de Bretons. Je le suis au bout de son monde : l'ossuaire de Douaumont dans la Meuse, le fort de Vaux, Les Éparges, tous ces lieux dévastés qu'il a arpentés en 14-18 et que je parcours lentement avec lui. Alors qu'il incarnait pour moi la force, je le vois écrasé par la mémoire. J'accueille en silence ses souvenirs.

Et je me rappelle avec précision l'immense cimetière avec ses alignements de tombes de soldats déclarés « inconnus ». Pris dans ses émotions et son besoin de se confier, Jean oublie que je suis une enfant. L'idée que des milliers de corps n'ont pas pu être identifiés m'horrifie.

— Cette bataille de Verdun, ma petite-fille, trois cents jours et trois cents nuits dans les tranchées ! Des morts partout !

Les trous d'obus dans notre parc, la tranchée des baïonnettes et les croix blanches font partie de ma vie. Dans les villages de Lorraine comme celui où habitent mes grands-parents, les gamins ont coutume depuis la Grande Guerre de se faire de l'argent de poche en ramassant ses reliques dans les champs, douilles d'obus en cuivre, objets et métaux de valeur. Une récupération assumée dans ces régions effroyablement meurtries. Pour les enfants, c'est un jeu, auquel je participe quand je suis en vacances. Aucun de nous n'a conscience du danger, pas même nos parents. Jusqu'à ce jour où, dans le village de ma famille, une petite fille qui remuait la terre a sauté sur un obus. Elle s'appelait Monique Champagne, elle avait dix ans. La guerre peut ressurgir des décennies plus tard dans toute sa rage.

Ce voyage dans les ténèbres n'est pas le seul héritage de mon grand-père. Faute de tour du monde, il s'est reporté sur la littérature de voyage, dont il me transmet le goût : Jules Verne, Hemingway… Et je suis très friande des BD de *Tintin*.

Il m'ouvre à tous ces explorateurs qui parcourent le monde. Il me prend par la main et je traverse avec lui tous les continents par l'imagination. Plus tard, je lirai Henry de Monfreid, Alexandra David-Néel, Ella Maillart et Isabelle Eberhardt.

J'ai à peine dix ans, des rêves d'aventure et tant de morts déjà dans ma mémoire.

Quand mon grand-père accorde au petit soldat que je suis une « permission », je retrouve les plaisirs simples d'une petite fille, qui aime par exemple observer les mains des femmes qui s'agitent dans notre maison. Ma grand-mère a une marotte : les conserves. Cela commence en juin par les cerises aigres et se termine en septembre avec les noix, les noisettes et les amandes. Le potager et les vergers, tout y passe. Les confitures, les bocaux de légumes, les coulis de tomate, ce spectacle m'enchante. Mon péché mignon : lécher les casseroles, surtout la confiture de mûre, ma douceur préférée. Et le clou de la collection : le grand bocal rempli au fil des mois par les fruits de saison macérés dans l'alcool, la fameuse « liqueur d'officier ». Il est dit qu'en Lorraine la guerre est partout. Comment ne pas mentionner aussi les déjeuners du dimanche en famille avec la grosse brioche et mon dessert favori, les œufs à la neige ? Évidemment je ne rate aucune bêtise, comme la fois où j'ai vidé tous les fonds de bouteilles dès que les adultes ont quitté la table.

Ma grand-mère, qui s'inquiète de mon indiscipline permanente, dit à maman :

— Il est temps de rectifier le tir ! Il faut lui choisir une bonne école au plus vite. Je pense qu'elle serait bien dans le privé.

Toutes deux se démènent donc pour que je sois placée au collège Saint-Joseph-du-Parchamp, à Boulogne. Piètre résultat. Pour me mettre dans le droit chemin, suivra le cours Taconnet-Prunier, près du château de Versailles, où je suis pensionnaire et collée tous les week-ends. Ça commence mal : pour un zéro en géographie, un fou rire en latin, une réflexion déplacée en maths, pendant tout le premier trimestre, je n'ai pas le droit de rentrer à la maison. J'en veux terriblement à mes parents qui m'abandonnent à ces sorcières, de vieilles filles aigries et envieuses de notre jeunesse. Au lieu de me calmer, l'injustice de leurs méthodes éducatives rigides m'enrage. Je me moque de mes notes. Sans attention, je suis ailleurs. En dehors de la morne répétition des saisons et des prières du chapelet, je bouillonne. J'ai envie d'action dans ce monde clos dont le rire est banni. Un jour, je convaincs donc une copine de colle de s'échapper avec moi par les souterrains de l'internat.

— Si, si, je te promets, ça mène au château ! Mademoiselle Aveline fait sa sieste, c'est le moment d'y aller !

Bien sûr, nous échouons, une galerie menace de s'effondrer, mon amie panique. Notre périple s'arrête là et la responsable, alias moi, est collée jusqu'à la fin de l'année.

— Mais qu'est-ce que nous allons faire de ta fille ? se désole ma grand-mère devant ma mère qui, malgré ses inquiétudes, s'obstine à ne pas dramatiser. Tous les établissements du XVIe arrondissement me voient défiler rapidement. Je suis renvoyée systématiquement pour mauvaise conduite. Plus personne ne veut de moi.

« Madame, votre fille ne fera jamais rien de sa vie. Elle est instable. Visez pour elle une formation courte. Infirmière, peut-être... Elle ne terminera jamais son cursus ! », a prédit une bonne sœur.

Ma mère tourne l'insulte en compliment : « Merci ma sœur, pour vos bons conseils. C'est un très beau métier, infirmière, mais si ma fille est loin d'une enfant sage, tout m'invite à penser qu'avec son caractère bien trempé, un jour, elle surprendra tout le monde. »

À court d'alternatives et pour maquiller mes lacunes scolaires, elle m'organise des activités d'enfant gâtée. Valorisant en priorité le maintien social, elle m'inscrit donc sans surprise au piano, à la danse. Sur moi, cette médecine produit l'effet inverse. Et puis je m'ennuie ferme. Pour être tout à fait honnête, la rigueur et l'exigence dans le travail, que je découvrirai dans le métier de journaliste et que j'exigerai de mes équipes comme de moi-même, viennent sans doute de là. Mais pour qu'une élève consente à travailler, il faut ajouter la passion à la discipline. Chez moi, toutes deux sont en germe.

En désespoir de cause, angoissée à l'idée que sa fille n'ait aucun diplôme, maman finit par me caser dans une boîte à bac à prix d'or. J'intègre le cours de première au lycée Jeanne-d'Albret, avenue de la Grande-Armée, à Paris. Je suis enfin libre de toute entrave. Impensable mais vrai, je déjeune tous les jours dans un petit bistrot : pour si peu d'élèves et de précepteurs, l'établissement n'a pas besoin de cantine. Loin des institutions compassées, j'ai enfin trouvé l'envie du savoir et une forme de responsabilité. Dans mon café préféré, je croise en fin d'année mon prof de philosophie qui s'enquiert de mes projets.

— J'ai peur de ne pas avoir le bac. Ce serait une catastrophe pour mes parents. Je ne veux pas les décevoir, mais c'est plus fort que moi. Pour vous dire la vérité, je ne rêve que de parcourir le monde. C'est mon obsession depuis l'enfance. Partir.

— Marine, fuir son quotidien et ses problèmes n'est pas aussi simple que vous le croyez. La philosophie nous dit qu'il est aussi intéressant de faire le tour du monde dans sa chambre, pour se construire. Réfléchissez-y, en lisant. Lire, lire, avant toute chose !

En fournissant peu d'efforts et contre toute attente, la dilettante décroche son bac.

3

Michel : ma révélation africaine

> « Tout le malheur des hommes vient d'une seule chose, qui est de ne savoir pas demeurer en repos dans une chambre. »
>
> PASCAL

Automne 1970

Je ne veux pas croire Pascal, pas plus que mon prof de philo. J'en reste convaincue, mon bonheur, je le trouverai dans les voyages et les rencontres.

Mon bac en poche, la liberté m'enivre. Je choisis, ou plutôt je choisis de ne pas choisir, en m'inscrivant en droit à Nanterre. Il paraît que le droit mène à tout, à condition d'en sortir. Pour l'instant, j'ai dans l'idée de devenir juge pour enfants, pour remettre modestement de la justice dans leur vie.

Je me cherche et m'agite toujours autant. Des séjours culturels en Allemagne et en Grande-Bretagne m'ont donné le goût des langues. En parallèle du droit, je m'inscris au Goethe-Institut et à l'Institut britannique. Et pour me détendre à l'académie

Charpentier, grande école d'arts appliqués. On ne sait jamais.

À cette époque, j'ai aussi la chance de posséder une voiture, une Fiat 500 bleu marine offerte par mon père, que je gare près de la fac. Ce jour-là, il fait beau, le printemps fait tout pour éclore. Sous le battant de l'essuie-glace, au lieu d'un PV, je découvre une enveloppe. À l'intérieur, une lettre.

L'homme qui a eu l'audace de m'écrire s'appelle Michel. Est-ce le Michel de quatrième année que j'ai déjà repéré avec ses faux airs d'Anthony Perkins ? S'intéresserait-il à moi ? Nous nous connaissons à peine mais cela fait déjà un moment que nous nous croisons dans les couloirs de la fac. Noyée dans la cohorte des nouveaux, je me sens invisible. M'aurait-il vue, lui ?

Écriture à l'encre bleu lagon : pas de doute, c'est bien lui, je le sens. Nous avons dû échanger une dizaine de mots en deux trimestres, mais il y a des regards qui ne trompent pas. Je lis et relis :

Présage de becs et de plumes
Mon avenir d'oiseau, je le destine aux grandes migrations des canards sauvages.
J'aimerais vous connaître.
Dites oui.

Comment dire non ? Cette rencontre, j'en rêve depuis la première fois où je l'ai vu.

Michel est aussi fébrile que moi. Nous sommes deux timides qui apprennent à se connaître. Rapidement, comme une évidence, nous nous aimons. Ce qui n'étonne personne autour de nous. « Michel et toi, cela se voyait comme le nez au milieu de la figure », rigole un ami.

Avec lui, les choses vont vite. Il me présente à ses parents et ses deux sœurs, qui m'adoptent immédiatement. Le père, qui travaille à l'Agence française de développement, me confie qu'il adore la photo. Une des sœurs fait Langues O[1]. La famille a passé toute sa vie en Afrique et je découvre grâce à eux des horizons nouveaux. J'apprends à leurs côtés que la Terre est un jardin à la fois luxuriant, aride, magnifique et désolant, où des hommes et des civilisations poussent et fleurissent au bord du fleuve Oubangui, très loin de la France.

Michel me rejoint souvent dans ma chambre sous les toits du XVIIe arrondissement. Le parc Monceau devient notre paradis. Michel y ramasse des feuilles dont il me fait de splendides bouquets. C'est un original, artiste à ses heures, pieds nus en plein hiver dans ses mocassins.

Juin 1973

Après avoir fini ses études de droit, appelé au service militaire, il opte pour une mission de coopération économique, en Afrique évidemment. Je décide de tout quitter pour le suivre.

Mes parents :

— Où ça, dis-tu ?

— En République centrafricaine.

— Comment ça ?

1. L'Institut national des langues et civilisations orientales.

— À Bangui. Ses parents y ont des relations. Je ne risque rien.

— En Afrique ? Est-ce que tu imagines notre angoisse ? Et pour te joindre, comment fait-on ?

En 1973, beaucoup de Français ne savent pas grand-chose de la Centrafrique. Tout au plus que depuis la décolonisation, le continent africain traverse de nombreuses guerres civiles. Le pays vit sous le joug d'un dictateur mégalomane et ridicule nommé Jean-Bedel Bokassa, qui vient de se proclamer président à vie.

Si mes parents tolèrent cette union libre avec Michel, l'idée que j'abandonne le droit et que je parte vivre avec un quasi-inconnu dans un pays à risques ne passe pas. J'ai éprouvé leurs limites, ils me coupent les vivres. Tout cela n'a aucune prise sur moi. Je suis amoureuse. Je vais partir en terre inconnue, enfin. Je me sens comme un jeune oiseau qui découvre l'envergure de ses ailes.

* * *

La République centrafricaine est ma première grande émotion. J'ai déjà voyagé dans quelques pays d'Europe avec et sans mes parents. Mais poser ses bagages à deux quelque part sur la planète et dire « je reste », c'est un nouveau chapitre qui s'ouvre. Et cette population vibrante me prend immédiatement dans ses bras. J'éprouverai le même sentiment en Afghanistan, un des pays où, aussi étrange que cela puisse paraître, je me sens également chez moi.

Dès l'arrivée à Bangui, tous mes sens s'éveillent. Les parfums du marché au petit matin, les couleurs des boubous, la musique venue du Zaïre voisin traversant la rivière Oubangui jusqu'à nos fenêtres. La densité de la végétation me donne de la force. Avec Michel, nous partageons la même vision de l'existence et rapidement, nous nous fondons dans le paysage. Chaque matin, je prends mon petit déjeuner sur la terrasse avec un nouveau compagnon : un « arbre du voyageur » d'une beauté renversante. C'est ainsi que l'on baptise cette grande plante en forme de palmier qui ferait la roue, en raison d'une légende : l'eau recueillie dans le creux de ses feuilles serait désaltérante. Le jeune Africain qui travaille avec Michel, voyant ma fascination, me dit que l'arbre représente la force, la solidité et la générosité. C'est un arbre de paix. Cela me plaît. D'autres présences s'aventurent plus discrètement : des singes voleurs qui chapardent mon pain et peuvent mordre très fort.

Michel travaille beaucoup mais dès qu'il le peut, il aime me surprendre. L'une de nos passions, c'est la brousse. Nous commençons à connaître toutes les routes : celle de Bimbo, celle de Wango... Bientôt, le lac des Caïmans n'aura plus de secrets pour nous et le sango me devient presque familier. *Balao* : bonjour. *Kodro* : village. *Yoro* : médicament. Je suis une *walli*, une femme, Michel est un *zo*. Le vieil homme qui m'apprend sa langue est un *baba*. Je lui confesse une grosse bêtise : j'ai défoncé la voiture sur un *kéké*, un petit arbre à épines, et elle n'a plus de pare-chocs. Le baba rit de toute sa bouche édentée. Je me souviens aussi de notre visite à la Diamond Corporation, où un diamant d'un carat coûtait l'équivalent de 800 euros. Je me suis rabattue sur une très belle robe haoussa pour ma première soirée à l'ambassade de France, où Michel représentait l'Agence française de développement.

Le plus beau cadeau qu'il m'ait fait durant ces mois inoubliables, c'est la rencontre avec une tribu pygmée, les Aka, premier choc anthropologique de ma vie. Les hommes de la vallée du Nil, « hauts comme le poing » en grec ancien, sont les survivants de tant de royaumes ! Pour les rencontrer, il faut pénétrer profondément dans la forêt en pleine saison des pluies. Une barrière nous interdit le passage. Une mare au-delà et personne alentour.

— Encore une barrière, la troisième de la journée ! Cette fois, on y va !

Michel lève donc l'obstacle et nous avançons. Mal nous en prend : dans la mare, il y a un gros trou. La voiture plonge, adieu au moteur. Je découvre la magie de l'Afrique : quand on se croit seul, des yeux curieux épient. Rien ne leur échappe. Et voilà leurs propriétaires, riant de ces Blancs ridicules qui se croyaient plus malins. Il faut marquer le coup, une barrière, ça se respecte, donc bonjour la prison ! Pour la leçon, nous resterons six heures au poste.

Les Aka me passionnent de plus en plus. Chasseurs, cueilleurs, grimpeurs hors pair, forts de traditions orales et de relations familiales extraordinaires, ils sont souvent méprisés et ostracisés par d'autres tribus, plus grandes seulement par la taille.

Avec les Aka, je noue des liens forts, au point que quelques mois plus tard je viens les revoir et vivre un temps à leurs côtés. Je suis fascinée par leur osmose avec la nature : leur connaissance des plantes les classent parmi les plus grands pharmacologues du monde. J'en fais l'expérience un jour où je me blesse sur un tesson de bouteille. Je saigne abondamment, ouverte jusqu'à l'os, à des heures de marche et de piste du dispensaire le plus proche. Voyant ma détresse, tout le monde s'agite. Le guérisseur est là dans l'instant avec une décoction de feuilles et de baies. Il pose le cataplasme sur ma plaie béante qui, en quelques jours, se referme entièrement, à mon grand étonnement. J'apprendrai que ceux qui dédaignent les Aka les consultent très régulièrement quand ils sont malades…

Au fil des semaines, les Pygmées sont devenus mes amis. Ils vivent dans des maisons de branches et de feuilles et dorment sur des rondins, se nourrissent de fruits et de graines, chassent les antilopes et les gazelles. Sans argent, ils vivent de troc avec d'autres communautés, de leur chasse et de leur cueillette. En les observant et en prenant le temps de les comprendre, j'amasse beaucoup de notes, et autant d'expériences. Je dois beaucoup à ces *petits* hommes qui m'ont donné une grande leçon de vie.

Avec eux, je me suis découvert une capacité à écouter et à accoucher de la parole des autres. À l'heure du départ, je suis infiniment triste de les quitter mais heureuse d'avoir partagé un trésor inestimable. Je ne sais toujours pas de quoi mon avenir sera fait, mais je me sens portée par une force intérieure qui ne me quittera plus.

* * *

Michel et moi étions trop jeunes. Lui trop rêveur, moi trop intrépide et trop impatiente. Je le laisse à sa passion de l'Afrique, à mon tour de trouver la mienne. Chez les Pygmées, j'ai réalisé qu'il me serait impossible de passer ma vie dans un bureau. J'ai besoin d'air et d'ouverture. Je veux exercer une activité qui me relie aux autres et fasse de moi un témoin du monde. Une révélation : je serai journaliste.

4

Tour du monde et premiers pas

Automne 1975

Le retour en France est difficile. À présent tout me semble différent, même à Paris, ma ville natale. Je suis seule et je dois rebondir. Ma soif d'ailleurs reste inassouvie, je saisis l'occasion de partir pour les États-Unis avec des amis, Emmanuel et Pamela de Montbrison. Je m'inscris quelques mois aux cours de journalisme de l'université Columbia, à New York, en auditrice libre. Vivre sur un campus prestigieux avec de brillants étudiants américains me donne de l'énergie. « L'élite de la nation » m'entoure, son ambition est communicative. Je me sens prête à affronter tous les défis. Grâce à Pamela, j'ai passé un deal avec quelques journaux féminins, en free-lance. Je vis près de Central Park chez l'oncle d'Emmanuel, qui est fourreur de luxe. Toute sa vie, il a fréquenté des peintres : Picasso, Magritte, Hopper, Pollock... Il leur troquait ses zibelines et ses visons contre des tableaux. Je dors dans un musée très chargé sur un *waterbed*, douteuse invention californienne. Et lors d'un des dîners de mon hôte, je rencontre Woody Allen et le fils de Kirk Douglas, Michael. Tout cela m'ouvrant les portes des plus beaux *penthouses* de la Grosse Pomme, je saute sur l'occasion pour signer mes premiers reportages photo. Et ça marche ! J'aurai pas mal de succès dans le domaine de la déco, pourtant si loin de mes rêves. Il faut bien un début à tout, et croiser les bons contacts en est un.

De New York à Paris, je continue mon année sabbatique. Je ne fais que passer. J'entame un nouveau périple vers l'Asie sac au dos, avec mes amis Patricia et Guy. Indonésie, Thaïlande, Birmanie, triple bouleversement de ma jeunesse.

Juillet 1979

Sur le tarmac de l'aéroport de Rangoon, ils sont des dizaines à attendre que « l'oiseau de métal » atterrisse, tant ils sont isolés du monde. Les visas ne sont valables que six jours. Ils voient rarement des étrangers. Cet endroit est leur seule évasion. Les restes de la colonisation britannique cohabitent avec les herbes folles et les gros rats en face de la splendide Shwedagon, la plus haute et ancienne pagode de la ville. Des décennies plus tard, je la retrouverai étouffée entre des gratte-ciels new-yorkais. Les paysages sont une suite sans fin de beautés, à commencer par le site de Pagan, une merveille grande comme Paris avec ses trois mille temples alors encore en ruine. Difficile de distinguer l'enfer dans ce paradis. Un enfant gît là, sur un trottoir, délaissé, sans un regard. Je réalise qu'il est mort. Que faire de ce petit corps ?

— Il faut passer son chemin, répond le traducteur, indifférent.

Dans ce pays dirigé par une dictature sanguinaire, aucune place pour la compassion.

Plus tard, après ma première rencontre avec Aung San Suu Kyi, je retrouverai souvent le Myanmar, nouveau nom de la Birmanie décrété par les militaires, et son héroïne accrochée à son combat et à son univers de prisonnière au bord de l'Irrawaddy. Malgré les années et l'ouverture au tourisme, rien n'a changé, toujours le même contraste aveuglant : une dictature féroce dans des lieux idylliques.

Tout au long de ma découverte de l'Asie, je balade mon appareil photo à l'affût de l'extraordinaire comme du commun. J'essaie de capter ce qui nous différencie et ce qui nous relie. Je m'exerce au métier de journaliste et à la façon particulière que j'aurai de le vivre, en cherchant à tout moment la vérité humaine.

Mes photos et mes articles, cette fois, n'auront pas beaucoup d'écho. N'est pas grand(e) reporter qui veut. Sans avoir fait d'école spécialisée, j'apprends sur le tas et je poursuis mes classes en stage dans la presse écrite : *Le Matin de Paris*, *Le Nouvel Observateur*, *VSD*. La radio m'attire : RTL, Europe 1. Suis-je encore trop jeune ou trop blonde parmi les cravates, les cigares et les mains baladeuses pour que l'on m'envoie enfin sur le terrain ?

En 1981, une amie journaliste, Sophie Rack, me propose de la suivre à TF1, alors première chaîne de télévision, pour m'occuper de la vie des médias. Dans le cadre d'une émission sur les coulisses du petit écran, on recherche des profils « jeunes, spontanés, amusants », me dit-elle.

C'est dans ce programme que je rencontre Patrick Bourrat, qui deviendra comme moi grand reporter, mon confident et mon frère. Ensemble, nous sommes contactés par Jean-Marie Cavada, alors directeur de la rédaction de TF1. Ce rendez-vous est notre chance.

— Pourquoi faire les coulisses de la télé ? Des reportages, ça vous plairait ? Je vous ai suivis dans l'émission de Sophie Rack. Je pense que vous avez l'étoffe et les qualités que nous cherchons à la rédaction de TF1.

Il accepte de nous intégrer au service informations générales, longtemps surnommé « chiens écrasés », qui alimente l'essentiel des journaux télévisés. Ce n'est pas encore le service étranger, mais de quoi pourrais-je me plaindre ? Sur les téléscripteurs des rédactions, l'info tombe en continu. Il faut avoir l'œil et sentir le vent. L'Histoire est toujours en marche et qui sait comment elle fera les gros titres ? Je commence à être mordue par le métier.

Un jour je suis à la fête de l'*Huma*, un autre j'interviewe le père Noël. J'accompagne les coureurs du Tour de France, je navigue lors de l'America's Cup à Newport, je skie avec Jean-Claude Killy aux JO de Sarajevo, je couvre des attentats parisiens : rue Marbeuf (avril 1982), avenue La Bourdonnais (août 1982). J'enchaîne avec des manifestations de tous bords. Et je passe de l'Amicale des Waffen SS en Bavière à la sécurité du Parc des Princes le jour d'un match. Le spectre est large.

Dans les couloirs de la télévision, je croise une femme qui me sourit. Elle s'appelle Jacqueline Dubois. Elle est plus âgée, elle me raconte sa vie. Son père, diplomate, l'a emmenée à travers le monde, elle parle couramment six ou sept langues. Et pourtant, dans ce service de politique étrangère où elle est la seule femme, elle ne part que très rarement sur le terrain. Elle ne fait que des « cabines », des commentaires sur des images envoyées par les agences de presse.

— Mais pourquoi, avec votre expérience et vos compétences linguistiques ?

— Ma petite Marine, vous comprendrez vite que les femmes, dans ce domaine, ne sont pas reconnues. Je suis entourée d'une bande de machos très sympathiques avec moi, mais des machos quand même ! Ils n'ont jamais eu envie de me faire de place, pas plus que ceux qui les dirigent. Je ne suis que la linguiste de service, et leur carnet d'adresses.

Une leçon de modestie. Je suis jeune, je viens d'arriver à la rédaction de TF1, ce qui est déjà une réussite de taille. Pour le reste, je dois faire mes preuves. Avant de partir casque sur la tête, micro à la main, entre deux chars américains ou auprès des « lions du Panshir », il me faudra montrer patience, rigueur et détermination.

5

Roch, mon coup de foudre

Printemps 1981

Un inconnu entre dans ma vie comme un ouragan, dans un ascenseur de TF1. En moins de cinq étages, coup de foudre, « *love at first sight* », comme dit l'anglais. Le soir même, tête-à-tête avec Roch Pescadère, c'est son nom. Avant de devenir reporter pour la télévision, il était militaire, engagé sur la *Jeanne*, le croiseur porte-hélicoptère de la marine nationale. Il ne cherche pas à m'impressionner par ses états de service déjà bien remplis. À trente-cinq ans, il a fait le tour du monde. Célibataire, toujours en partance pour des zones à risques, il me fait rêver. Il me confie pourtant qu'une certaine lassitude est en train de le gagner. Le nomade a envie de se fixer, de fonder un foyer.

Au fil de nos échanges, il me parle d'ailleurs de sa famille : une mère très BCBG qui se rêvait photographe, mariée à un père artiste-peintre. L'histoire traverse l'Histoire, il la déroule avec gravité. À la tête d'un réseau de résistance, son père est revenu traumatisé des camps de la mort. Des blessures invisibles ont marqué le reste de sa vie et celle de ses proches.

Roch est devenu très jeune reporter de guerre. Son rêve à présent, c'est de plonger dans le monde du silence, le cinéma sous-marin, loin du bruit et de la fureur. Il m'entraîne dans cet élan passionné. Je suis folle de lui, je sens qu'il peut être l'homme de ma vie.

Ensemble, nous bâtissons une vie faite de départs et de retours, rythmée par nos retrouvailles dans la bergerie que Roch s'est aménagée dans les Alpes-de-Haute-Provence. Nous accordons nos emplois du temps pour être le plus possible réunis.

Roch plonge avec Nicolas Hulot dans les mers turquoise, je couvre le Paris-Dakar dans le désert africain. Il nous arrive aussi de faire des reportages communs, comme filmer les requins blancs en Afrique du Sud ou suivre des patineurs à roulettes sur les routes de l'Alaska (j'en retiens les ours, et surtout les moustiques avides de chaque centimètre carré de ma peau).

Je laisse un jour mon beau marin retrouver le commando Hubert, l'élite de l'armée française que l'on envoie habituellement en premier dans les conflits. Là, ils partent pour un coin de la planète dont eux seuls ont connaissance. Moi, je m'envole pour un reportage inédit au Maroc. Notre première longue séparation depuis le début de notre vie commune. Mais mon objectif n'est pas banal : j'enquête sur le très exclusif CCC, Club des chefs des chefs. Les maîtres queux des maîtres de ce monde. Chaque année, à l'invitation d'un prince, d'un roi, d'un président, ils se réunissent pour un voyage VIP à la rencontre des cuisines du monde.

Ce soir, c'est Rabat. Hassan II nous y reçoit en personne. Une chance pour moi : interviewer un roi qui s'exprime très rarement à l'époque. Je décroche le Graal : un entretien privé, hélas sans caméra.

— J'aimerais bien que vous m'expliquiez les rouages de TF1.

— Ah ? Votre Majesté regarde notre chaîne ?

— Comme tous les Marocains, oui, nous regardons les chaînes françaises. Je voudrais que le Maroc lance une chaîne privée à l'image de la vôtre, et qui devienne la première chaîne du Maghreb.

Quatre ans plus tard, je serai invitée avec Roch à rejoindre l'équipe de TF1 qui bâtira de toutes pièces cette nouvelle chaîne, l'une des plus importantes du pays encore aujourd'hui, 2M.

Je mets un pied dans la porte des puissants comme j'aime le faire : par la petite histoire. Une fois par an, je suivrai Gilles Bragard et Jean-Claude Rouzaud, fondateurs du CCC, vers d'autres destinations. À chaque fois, d'autres anecdotes : comme à Pékin, au palais de l'Assemblée du peuple, où même filmer clandestinement une recette de canard laqué peut valoir quelques heures en prison. Ou dans les cuisines de la Maison-Blanche, où Bill Clinton m'avouera son péché mignon : les brownies et les brioches à la cannelle. Moins drôle et prémonitoire, cette rencontre avec le chef de cuisine du prince Charles. Il m'a confié que la princesse Diana était boulimique quand son écolo de mari cultivait son jardin et pêchait la truite. Et qu'ils ne partageaient jamais la même table, autre étrangeté du couple glamour de la Couronne d'Angleterre.

À mon retour, j'ai à peine le temps de poser mes valises que Roch débarque, tout joyeux :

— Ce week-end, je t'emmène en Bretagne avec mes amis plongeurs. Ça va te plaire ! On fait un documentaire sur le *Soleil Royal*, le vaisseau amiral de Louis XV qui a coulé près du Croisic.

Je rencontre enfin ses amis baroudeurs à palmes et néoprène, nouveaux explorateurs des mers du XXe siècle. Des dénicheurs d'épaves, des chercheurs de trésors. Chaque dîner avec eux se transforme en un théâtre épique où chacun renchérit et se nourrit des découvertes des autres. Leur passion est contagieuse, je me sens à ma place avec eux, leur goût de l'aventure me rappelle mon grand-père. Et je fais mes premières plongées, moi, la claustrophobe. Le meilleur ami de Roch, Jean-Michel Ériau, nous raconte un soir la trouvaille d'un pêcheur : les carapaces vertes de certains homards, une anomalie au pied du phare du Tréhic indiquant la présence de bronze sous l'eau. Bingo ! il a découvert un canon qui révèle la présence à l'entrée du port du Croisic de l'épave du *Soleil-Royal*. Elle provient de la grande bataille des Cardinaux, en 1759 dans la baie de Quiberon, où la suprématie des Anglais a laminé les navires français. Pendant tout l'été que durent les recherches, je travaille pour TF1 en semaine et viens retrouver cette joyeuse smalah le week-end. Il y a des archéologues américains et portugais, des commandos, tout un monde auquel je m'intègre.

Sous les toits du manoir de Kervaudu que loue l'équipe au Croisic, je tends des voiles partout, j'en décore un lit à baldaquin. Nous sommes heureux. Roch sera le père de mes enfants, j'en suis sûre, d'ailleurs j'en veux cinq.

6

Endométriose : une malédiction

15 décembre 2005

« Le jour où j'ai appris que je n'aurais jamais d'enfants. »

Une pleine page de *Paris Match* sur moi, avec ma photo. Le drame de ma vie de femme depuis vingt ans s'étale aux yeux de tous. J'avais dit à mon amie journaliste :

— Ne me trahis pas !

Effondrée, je lis son article où je me sens mise à nu.

Elle décrit en mon nom ce que j'ai ressenti le jour où mon gynécologue m'a dit :

« "Il faut envisager votre vie sans enfants." Pour la première fois j'ai compris l'expression "la terre se dérobe sous vos pieds". J'ai cru mourir. Pas un son ne sortait de ma gorge. À trente-sept ans, tout mon univers s'écroulait. J'ai passé le reste de la journée dans le silence à errer dans les rues, comme étouffée. [...] Moi qui suis très expansive de nature, j'ai caché et enfoui ma détresse pour éviter de faire de la peine aux gens qui m'aimaient. »

Moi si muette sur ma maladie... Sortir du silence révélait à mes proches la tempête intime qui avait dérouté le cours de ma vie. Peut-être le fallait-il ?

Les réactions à ces confidences me surprennent : tant d'inconnues me font savoir qu'elles partagent ce calvaire ! Sans parler du soutien de quelques hommes tels David Pujadas, l'ami journaliste, ou Dominique Lapierre, l'écrivain philanthrope. Isolée dans ma douleur, je n'avais pas pris conscience que cette maladie encore méconnue, l'endométriose, touchait des milliers de femmes. Mon amie avait eu raison de forcer cette publication.

J'avais rêvé d'être mère.

Plus question d'imaginer des enfants gazouillant dans notre bergerie bordée de champs de lavande dans les Alpes-de-Haute-Provence. Un lieu idyllique pour nos amis apiculteurs et bergers. Nous y allions au moment de l'éclosion des narcisses et de la naissance des agneaux, j'adorais cette saison, j'étais en joie.

Maman m'interrogeait toujours sur la pointe des pieds :

— Marine, à quand un enfant ? Mes amis sont curieux. Je leur réponds toujours que tu es spéciale, ma fille... Sache que cela me peine. J'aime l'idée d'être grand-mère.

Toutes mes amies enfantent au rythme de mes guerres. Je suis pour elles une énigme :

— Pourquoi pas toi ? Arrête de vouloir sauver le monde ! Tu vas le regretter, Marine ! Pense à Roch, il ferait un super papa !

Je comprends avec tristesse que tous croient que je sacrifie ma vie à mon métier. PPDA me cite dans l'un de ses livres où il est question de ces femmes qui préfèrent leur carrière à leur vie de famille. Comment ose-t-il parler de ma vie privée sans rien en savoir ?

Paris Match met fin à ces élucubrations. Je souffre de la même maladie que maman. S'en doutait-elle ? Comme moi, elle avait fait de nombreuses fausses couches. Voilà pourquoi elle me répétait sans cesse que j'étais un miracle. Le tabou, la tristesse, la culpabilité m'ont toujours retenue de lui parler, à elle, à Roch, à tous ceux qui m'entourent. Cette blessure est d'une telle profondeur que même si je le voulais, je serais incapable de l'exprimer. Perdre un enfant sans avoir le statut de mère en deuil, comme si rien ne s'était passé... J'ai choisi le silence.

Jusqu'à ce que cet article révèle mon secret et fasse remonter à ma conscience une certaine nuit de mon enfance. J'ai sept ans, nous sommes en vacances dans la maison de famille. Nous dormons au premier étage. Je suis réveillée par les hurlements de maman. Je me précipite dans sa chambre. Papa est auprès d'elle, il hurle :

— Appelez un médecin !

Je vois du sang. Toute la maison s'agite. Ma tante me prend dans ses bras pour m'éloigner.

— Ne t'inquiète pas, maman a juste mal au ventre !

Je me souviens de l'ambulance. J'embrasse maman, et j'entends les grands qui parlent :

— Elle a dû perdre l'enfant.

J'ai pensé souvent à ce petit frère. Puis je l'ai oublié. Comme mes petits voisins, comme tant d'autres drames depuis. J'ai dû développer très tôt une capacité de déni, cette arme contre l'insupportable.

L'endométriose, une maladie que l'on ne nommait ni à l'époque de ma mère ni à la mienne. Malgré de terribles douleurs qui me cassaient en deux chaque mois, j'ai toujours cru mon infertilité d'ordre psychologique. Je l'ai vécue comme une honte d'être incomplète, une demi-femme. Une vie sans descendance, à quoi ça sert ?

En janvier 1985, nouveau tournant dans ma vie après ce déchirement intime.

Avec Roch, nous venons d'acheter un appartement à Paris. Un matin, il m'annonce sans préambule :

— Je pars vivre au Liban.

— Pardon ?

— Oui, je pars au Liban.

— Pour combien de temps ?

— Un an. J'en ai besoin, il faut que je parte.

J'entends entre les lignes. Roch est un taiseux pudique qui a accompagné en silence mon corps en deuil. Il lui faut s'envoler pour oublier ce que je suis incapable de lui offrir. Fort d'une solide réputation à TF1, il devient correspondant au bureau de Beyrouth, en pleine guerre civile.

Face au tragique, comment ne pas se plaindre, ne pas gâcher la vie des autres ? Il faut s'engager pour d'autres causes. Je rencontre Véronique Colucci au début des Restos du cœur. Elle et ses bénévoles me permettent de transformer cet accident de parcours en une invitation à l'espoir, à la vie, à la transmission.

Être reporter m'aide à rencontrer des femmes en souffrance un peu partout dans le monde, à partager un instant leur misère. Je ne les remercierai jamais assez, elles m'ont guérie. Plus les situations sont cruelles, plus la guerre brise les corps et les cœurs, plus je me sens utile. Ma vie reprend un sens. Au fil des ans, je réalise qu'il y a mille façons d'être maman.

7

Guerre civile au Liban

8 mars 1985

Après deux mois de séparation physique, à la demande de Roch, je le rejoins à Beyrouth. Je suis curieuse de découvrir cette ville qui se consume depuis dix ans déjà, et ce pays dont j'ai vu la violence à longueur de journaux télévisés.

À l'origine, en 1975, la sempiternelle question palestinienne qui va transformer le pays du Cèdre en un champ de bataille entre milices. Beaucoup refusent ce qu'ils appellent la mainmise de l'OLP[1] de Yasser Arafat sur le Liban. Très vite, les ingérences étrangères se multiplient : Syrie, Iran, Israël. Je ne suis que pigiste, mais je brûle d'impatience de trouver ma place parmi les reporters de terrain.

Roch ne voit pas d'un bon œil mon initiative. Nous logeons dans le quartier druze, à l'hôtel Cavalier, sur l'artère principale de Hamra. La ville est coupée en deux entre chrétiens et musulmans. Chaque jour, des affrontements sans autre fin que l'absurde.

1. Organisation de libération de la Palestine.

— Ne te mêle pas de ce qui se passe ici, s'il te plaît. Ne t'expose jamais, m'intime Roch.

— Tu oublies que je suis aussi journaliste ?

Tout s'enchaîne très vite. Je suis dans les bureaux de TF1, Roch est en reportage dans une mosquée, où il interviewe le cheikh Mohammad Hussein Fadlallah, chef spirituel du Hezbollah, le « Parti de Dieu ». Soudain, une énorme explosion secoue Beyrouth. La radio annonce un attentat de forte puissance dans la même zone. Effervescence dans les bureaux de France Inter et de TF1. La ville devient folle, les sirènes hurlent. Des pick-up pleins de blessés et d'hommes en armes tirant en l'air déboulent à tombeau ouvert. Puis un long ballet d'ambulances. Où est l'équipe ? Sont-ils vivants ? Je mesure où je viens de mettre les pieds.

Roch franchit la porte, suivi de Norbert Balit, grand reporter, et de son preneur de son. Sains et saufs.

— La chance ! Nous avons repéré le camion chargé de bouteilles de gaz. Il fallait vite dégager ! Il s'en est fallu de peu, dit Norbert.

C'est au Liban que j'ai appris le goût particulier qu'a l'enfer, dans cette ville où tout pouvait exploser à tout moment.

22 mars 1985

Retour sur ce jour où le char meurtrier me change à jamais. C'est le printemps à Beyrouth, les bougainvilliers sont en fleurs. Je descends vers le Sud-Liban avec Alain Ménargues, mon ami de France

Inter qui m'a proposé de suivre le retrait de l'armée israélienne. Pour la première fois, je suis témoin de l'Histoire en marche. Je sais le danger, mais l'appel du terrain est plus fort.

L'armée de l'État hébreu est présente ici depuis 1982. Elle a déjà détruit les bases de l'OLP et repoussé les forces syriennes. Pour autant, le siège de Beyrouth n'a jamais pu éliminer Arafat, qui a rejoint la Tunisie. Le 18 septembre 1982, le massacre des camps de réfugiés de Sabra et Chatila, deux nuits d'horreur aux mains des milices chrétiennes, fait des centaines de victimes civiles et rebat les cartes de la région. Israël a laissé faire, l'opinion internationale s'indigne. Cette boucherie provoquera la chute du cabinet de Menahem Begin, Premier ministre depuis six ans.

Nous traversons des rues désertées par leurs habitants. Plus nous progressons vers le sud, plus le danger se fait palpable. Dans le premier village, nous tombons sur une colonne de chars israéliens. Notre voiture est à l'arrêt, nous sortons. Un soldat nous met en joue et nous invective en anglais.

— Barrez-vous d'ici ou on tire !

Alain, impulsif, sort un stylo de sa poche et lui lance :

— Moi, je ne fais pas la guerre avec des armes, mais avec ça !

Il l'invite à considérer notre pauvre véhicule surmonté de son modeste drapeau blanc, peu apte à menacer le blindage des leurs. Mais le soldat s'en moque, il nous ordonne de déguerpir.

Juste à ce moment-là retentit un tir de char. Sous nos yeux, une maison s'effondre comme un château de cartes. Par réflexe, Alain et moi nous collons contre un mur.

Tétanisée, je jette un œil à Alain d'un côté et à Abdel Jamal, notre chauffeur, de l'autre. Cela fait des années qu'ils font ce métier et ils n'en sont pas morts. Donc, moi aussi je vais vivre.

Mon corps, comme rebranché, se met en marche. Vite, nous regagnons nos voitures. Depuis hier, le gros de la population a quitté les lieux pour se réfugier à Beyrouth ou Saïda.

Sur le bord de la route, une maison éventrée, des voitures abandonnées. Notre chauffeur semble inquiet. Il roule lentement jusqu'à un village quasi désert. Notre voiture arbore une inscription : *SAHAFI*, « PRESSE ». Tout me semble irréel, mais le calme de mes compagnons me rassure. Après les dernières habitations de Ksar Melki, une longue ligne droite se présente. Au sommet de la côte, nous distinguons la tourelle d'un char et le fût d'un canon. Des rafales d'armes automatiques et des déflagrations nous parviennent, étouffées.

À l'arrière de la voiture, je prends la mesure du poids de l'Histoire. Je comprends ce qu'est l'état d'urgence, le moment où tout est friable. La veille, une Palestinienne s'est fait exploser à côté d'une colonne de chars. Les Israéliens sont sur les dents.

Au milieu de la route, nous sommes stoppés par une Mercedes criblée de balles, celle d'United Press International qui nous précédait. Une équipe de CBS arrivée peu avant nous cherche une journaliste pour expliquer à l'image l'attaque que viennent de subir nos collègues.

— *Do you speak english ?*

— *Yes, I do.*

— *Can you help us explain the situation on camera ?*

J'ai à peine le temps de me mettre en place.

Sans sommation, le char israélien nous vise et tire. Un éclair blanc. Sous mes yeux, le caméraman est projeté en l'air, il implose. La tête du preneur de son est scalpée.

Je survis. Une fois de plus, un miracle.

À mon retour à Beyrouth, de nombreux journalistes m'attendent à l'hôtel Cavalier. Les rédactions ne parlent que de cette attaque meurtrière : les chars israéliens ont tiré sur des civils et des journalistes. Un scandale, une crise diplomatique majeure. Mon témoignage est capital.

— Le président Reagan vient de s'exprimer sur CBS. Il couvre la version israélienne. Ce n'était pas délibéré, ils se défendaient contre des terroristes. Que répondez-vous ?

— C'est injustifiable. Il n'y avait aucun homme armé autour de nous, que des civils apeurés qui n'avaient pu fuir. Comment ignorer que nous étions journalistes ? Je n'ai pas l'apparence d'une Palestinienne et nos voitures portaient le sigle PRESS. Ils ont tué, délibérément, Toufik Ghazzaoui, caméraman, et Behize Metni, preneur de son. Le président Reagan n'était pas là pour le voir. Moi si.

Quand je monte dans ma chambre, Roch m'attend. Une gifle monumentale aussi. La première et la dernière qu'il me donnera, lui qui n'a jamais été violent. Il a eu la peur de sa vie.

— Je te l'ai dit, Marine, le Liban est dangereux. À quoi as-tu joué ? À te faire peur ? C'est réussi. Heureusement que tes parents ne sont pas au courant ! Imagine que je te ramène en morceaux dans un cercueil... Tu es irresponsable !

J'encaisse.

Roch me laisse en plan à l'hôtel et part à une fête dans le quartier chrétien de Beyrouth. Dans un état second, j'essaie d'effacer les images de la journée, même si je sais qu'elles vont me hanter longtemps. Je revois en boucle le visage ensanglanté des enfants. Ce soir ils sont sains et saufs. Ma consolation.

L'émotion me submerge. Je ne suis qu'un sac de larmes. Norbert Balit et Alain Ménargues viennent prendre de mes nouvelles.

— Tu ne vas pas rester toute seule ce soir après ce que tu as vécu. Je t'ai promis que nous fêterions ton baptême du feu. Je t'emmène à la fête d'Amal, les copains vont te remonter le moral. Ne te fie pas aux apparences, nous sommes tous passés par là.

Un jeune photographe, Patrick Baz, est aussi de la partie. Je ne suis pas encore allée du côté chrétien de la ville, à Beyrouth-Est. Il m'explique que passer le « ring », c'est jouer à la roulette russe. Les snipers ne font pas de cadeau à ceux qui s'y aventurent. Il faut aller très vite. Alain ajoute que ceux qui ont *fait Beyrouth*, dans son esprit des journalistes dignes de ce nom, ont franchi au moins une fois cette ligne sous les balles. Moi, je la passe clouée par la peur sous la banquette.

La voiture fonce, nous voilà à l'Est.

Drôle d'idée que d'aller à une fête ? Pas tant que ça. Au milieu de la guerre, les hommes ont besoin de se sentir en vie. Dans tous les lieux en proie aux conflits, je retrouverai ce sentiment d'urgence. Quand la mort rôde, la vie réclame son dû. Il faut faire la fête, sous la mitraille, pour conjurer la peur.

Notre hôtesse s'appelle Amal Mogaizel, fille de ministre. Chrétienne francophone, elle travaille avec Alain à France Inter. Elle m'impressionne tout de suite par sa beauté : cheveux noir de jais, yeux en amande et regard brûlant. Son assurance m'inspire le respect. Son appartement pourrait rivaliser avec les plus beaux intérieurs haussmanniens : tableaux de maîtres au mur, canapés en velours, bibliothèques bien garnies. Une anomalie : frappé par un tir d'obus, l'immeuble n'a plus de façade ! Le grand salon où elle nous reçoit donne sur le vide. Si tout cela n'était pas tragique, je croirais à l'installation burlesque d'un artiste contemporain. Comme si de rien n'était, Amal vit dans cet appartement à cœur ouvert, avec toute sa famille, dont son petit frère, handicapé.

Beaucoup de jeunes gens, certains armés et en tenue de combat, dansent, fument, boivent et rient. Un hymne à la vie dans le désastre ambiant. Il y a à peine quelques heures, des hommes disparaissaient sous mes yeux en une fraction de seconde. Tout va trop vite pour moi. D'ordinaire enjouée, je suis cassée. Je ne décolle pas de mon coin. Je reconnais le rire de Roch qui plaisante avec sa bande de copains. Comment peut-il, ce soir, être si lointain ?

Amal me scrute depuis un moment de son œil de feu. Elle s'approche. Du haut de ses vingt-cinq ans, elle me lance dans un éclat de rire :

— Si c'est pour faire cette gueule-là toute la soirée, c'était pas la peine de venir ! Deux morts, la belle affaire !

Elle ajoute à la provoc en me tendant un gin-martini bien tassé :

— Ici, *habibti*, on sombre en souriant.

Sa brutalité me désarçonne, mais je n'y décèle aucune agressivité. Ses mots sont juste une invitation : ce soir, on ne gémit pas, on oublie la guerre et la folie des hommes.

— La vie est une étoile filante, Marine. Tu es vivante, c'est tout ce qui compte.

Amal repart, son verre à la main. Cette créature magnifique domine avec grâce son énergie éruptive. Levant les bras au ciel, elle danse sans avoir l'air de penser à demain. J'aimerais pouvoir en faire autant.

Amal vit depuis sept ans au cœur de la guerre. Elle n'a plus de maison, son fiancé a été décapité sous ses yeux par un obus de char, beaucoup de ses amis sont morts. Sa légèreté face au poids qu'elle porte me sidère. Elle sort jour et nuit pour écrire et témoigner, au risque de sa vie. Elle est habituée à braver la peur. À quatre heures d'avion de Paris, je découvre une jeunesse fracassée, mais vibrante. Sa conscience aiguë de la fragilité de l'existence et la manière dont elle s'accorde avec la mort me donne à réfléchir, moi qui n'ai toujours connu que des pays en paix.

Tard dans la nuit, à l'arrière de la moto d'un copain chiite, Marwan, j'ouvre les yeux sur cette ville en ruine qui survit à la lueur des bougies.

Marwan s'arrête à tous les check-points, plus ou moins dangereux.

— Tu n'as pas peur ? Ça t'amuse ? me demande-t-il.

— Ça me trouble. Avec vous, j'ai l'impression de plonger dans un abîme irrésistible. Ici, je risque ma vie à chaque seconde. En même temps, je ne me suis jamais sentie aussi vivante.

Il éclate de rire.

— La guerre, soit tu décides de t'enfuir tout de suite et de ne jamais revenir, soit tu restes et elle te piège. Comme nous tous.

Le lendemain, Amal me rend visite. Ce n'est plus la provocatrice de la veille.

— Excuse-moi pour hier, Marine. C'est toi qui avais raison. J'y ai pensé toute la nuit. Ton émotion était normale, c'est nous qui sommes dingues. La guerre nous a broyés. Nous n'avons plus de larmes, plus d'émotions. Nous sommes vides, à peine humains. Ne m'en veux pas.

Mes larmes ont brusquement réveillé son rêve de venir vivre en France, pour ranger toutes les cartes dans son portefeuille – cartes de crédit, de séjour, de Sécurité sociale, d'électeur, et surtout carte de presse ; un vrai fantasme.

— Quelle chance tu as, Marine, de vivre en France ! Je donnerais tout pour être à ta place. Fuir cette folie.

Bouleversée, je voudrais la prendre dans mes bras et la consoler, mais je n'ose pas. Quelque chose vient de se passer entre nous. Au milieu de la guerre, nous sommes devenues amies pour la vie. Quelques mois plus tard, en 1986, Amal débarque en France. Elle y fera sa vie et elle aura toutes les cartes, un mari et une fille brillante.

Et deux décennies plus tard, en 2007, nous retournerons ensemble à Beyrouth pour un documentaire, *Beyrouth, vivre ou mourir*.

Aujourd'hui, près de cinquante ans après le début de la guerre civile qui a fait plus de deux cent mille morts, le Liban s'enfonce dans une nouvelle crise. Aucune leçon ne semble avoir été tirée. Comme Amal, je souffre pour ce pays qui m'est si cher.

8

Paix des âmes au bord du Gange

Novembre 1985

Dans les couloirs de TF1, j'affiche une mine abattue. Je n'arrive pas à faire le deuil de ce que j'ai vu au Liban. Je croise Thierry de Scitivaux, grand reporter dans le service où je rêve de trouver ma place. Thierry est élégant, chaleureux, il connaît bien Roch. Je me sens à l'aise avec lui. Nous prenons un café. Il part en Inde interviewer Rajiv Gandhi, le fils d'Indira, qu'il a la chance de bien connaître :

— Je comprends que ce que tu as vécu au Liban t'ait marquée, surtout pour ton premier reportage de terrain. Personnellement, je n'ai jamais été confronté à cette violence. Tu as vu un psychologue ?

— Non. Je pense que je vais m'en sortir toute seule. Et je suis très entourée par Roch et mes parents.

— En t'écoutant, il me vient une idée. Puisque Roch est en tournage cette semaine, pourquoi ne viendrais-tu pas en Inde avec nous quelques jours ? Ça te changerait les idées. Après l'interview de Rajiv, j'ai l'intention de tourner à Bénarès. Tu connais ?

— La ville sainte au bord du Gange ?

— Oui, pour des millions d'hindous, Bénarès est le port du dernier voyage, la ville de la délivrance où chacun rêve d'être incinéré et de faire répandre ses cendres dans le fleuve purificateur. Un lieu pour faire ton deuil, peut-être ? J'y suis allé souvent et je pense qu'il peut t'apaiser.

Dans l'avion, je feuillette le guide sur l'Inde tiré de mon sac à dos. La description de Bénarès a tout de l'invitation au voyage baudelairienne : là, tout n'est qu'ordre et beauté, luxe, calme et volupté. Ce reportage est un cadeau du ciel.

Assis à mes côtés, le caméraman Jacky Kargayan, un magicien de l'image, me dit :

— Tu vas voir, il faut se lever tôt, quand les plus belles lumières effleurent les eaux du Gange ! Un feu d'artifice de couleurs ! Les gens endormis à même le sol qui se réveillent au petit matin, un spectacle unique !

Je découvre enfin Bénarès. Bien sûr, comme dans beaucoup de villes indiennes, la saleté et la misère y sautent aux yeux. Mais ce n'est pas ce que je suis venue voir ici. En quête de paix, je m'abandonne instantanément.

Le conseil matutinal de Jacky est une révélation. C'est l'heure éternelle où, depuis près de trois mille ans, les hindous répètent les mêmes gestes vers le soleil levant. Les pèlerins saluent le ciel, boivent des gorgées d'eau visiblement polluée, puis repartent dans la vie comme purifiés.

C'est l'atmosphère qu'il me faut pour me reconnecter à moi-même. Les gens vivent le fleuve et la mort, la douleur et les odeurs d'une manière tellement éloignée de nos traditions chrétiennes, de notre angoisse de la fin. Ici, pas de croix comme à l'ossuaire de Douaumont, pas de monuments aux morts, pas de cimetière comme dans nos villes et villages où les tombes et l'obligation du recueillement rappellent sans cesse aux vivants qu'ils sont mortels. À Bénarès, les âmes s'envolent dans les flammes sans pleurs et sans démonstrations.

Thierry et son équipe sont partis, j'ai décidé de rester. J'ai besoin de ce voyage spirituel qui s'offre à moi. Tandis que je marche le long des *ghâts*, berges recouvertes de marches de pierres qui mènent au fleuve, une belle femme, élégante dans un sari rose, m'accoste :

— Vous êtes française ? En vacances ?

— Je suis journaliste.

Aruna sera ma guide dans la plus sainte des sept cités sacrées de l'Inde.

— Le Gange, c'est comme le sang qui coule dans nos veines. Les cendres de tous nos ancêtres sont passées là. Il suffit de tremper nos mains dans l'eau sacrée pour savoir qu'un jour nous les rejoindrons.

Dans cette société de castes, Aruna est d'extraction « supérieure », une brahmane, mais peu importe. Le Gange a cette magie d'unifier riches et pauvres dans cet océan de couleurs où le bain est une seconde naissance. Elle renchérit :

— Le Gange, c'est notre mère à tous, notre vie.

Les hindous ne voient pas leur ville surpeuplée, détériorée par le temps et le tourisme. Ils ne veulent pas voir que le bleu-vert du Gange a depuis longtemps viré au gris sale. Leurs yeux contemplent l'image intacte de ce qu'ont vu leurs ancêtres. Cent cinquante générations ont foulé avant eux ce territoire sacré.

Mais dans la ville crématoire où la mort coexiste si étroitement avec la vie, pour tout voyageur qui n'a pas grandi dans cette vénération, le pèlerinage s'avère parfois effrayant.

Au début, je suis profondément troublée devant ces corps tordus dans les flammes et entourés d'une sérénité incompréhensible. Mais l'œil, au fil des jours, s'habitue, et l'esprit aussi. Je suis fascinée par l'attitude et les gestes de ces hommes et de ces femmes, pour qui la séparation finale ne semble qu'un au revoir. Pour les hindous, le corps n'est qu'une enveloppe matérielle abritant temporairement une âme. Aruna en parle bien :

— Dans notre religion, la mort n'existe pas. Le jour où l'on naît, on est déjà proche de la mort. Pour tous ces corps que tu vois ici incinérés, c'est une libération. Affranchis de cette vie, ils vont dans un endroit que ni toi ni moi ne connaissons. C'est mieux. C'est comme un autre voyage.

Chaque religion a sa manière de nous consoler de la mort. Dans les églises catholiques, au catéchisme, on nous apprend aussi que la mort est salvatrice, qu'il faut « se réjouir » de rejoindre le Seigneur. Mais les cercueils, les noirs enterrements, le visage austère des curés et les larmes des proches n'ont jamais allégé ma douleur.

Quand elle parle de sa croyance, Aruna paraît la vivre d'une façon si lumineuse qu'elle en est transfigurée. Cela me donne à réfléchir. Je n'en suis pas encore là, j'avance par étapes. L'eau, même souillée, les regards des sages, les sadhous, les couleurs des saris dessinent comme un arc-en-ciel de vie. On dirait que l'hindouisme rend la mort plus douce. Et que cette ville m'apporte un autre regard sur elle, apaisé.

Thierry a eu raison. En moi, les cris des enfants ont mis une sourdine, les corps inertes de Toufik et Behize s'effacent de mes pensées. Le Gange, que l'on décrit comme la Voie lactée descendue sur la Terre, rend la mort presque légère.

9

Terreur sur Paris

17 septembre 1986

Paris, rue de Rennes : je prends un verre face au cinéma L'Arlequin avec une équipe de télévision japonaise. Ils me demandent conseil pour filmer des sites insolites dans la capitale : jardins secrets, musées oubliés, passages romantiques. Soudain, un bruit assourdissant, une énorme explosion. Arrêt sur image. Ça vient de la gauche, chez Tati. Je cours vers les cris, les hurlements, suivie par les Japonais qui filment. Il est 17 h 20. Une bombe vient d'exploser en plein Paris. Parmi les corps gisants, une très jeune femme hurle. Elle est face contre terre, les mollets explosés. Je m'approche d'elle. Je reconnais son accent libanais. Elle s'appelle Maya.

— S'il vous plaît, prévenez vite mes parents ! Ils sont à Beyrouth ! Leur numéro est dans mon sac.

J'apprends qu'elle est sortie sans une égratignure de onze ans de guerre dans son pays. Ses parents l'ont envoyée en Francc, ironie du sort, pour qu'elle puisse étudier en paix. Elle est à Paris depuis quinze jours. À côté d'elle, un homme. Ou une femme. Je ne sais pas, je ne sais plus. Son œil est arraché. Je me retrouve au cœur de Paris, dans mon pays, désemparée. Je croyais avoir laissé la guerre à Beyrouth, à quatre heures de vol. Je n'arrive pas à croire ce que je vois. Une boucherie. Combien de morts ? Combien de blessés ? Je ne sais pas encore. Les secours arrivent, mon équipe de TF1 aussi. Je change de rôle. Je ne suis plus une passante impuissante, là par hasard, je retrouve un micro, une distance. Je suis journaliste.

Cet attentat qui fait sept morts et cinquante-cinq blessés n'est pas le premier. Plus d'une quinzaine en quelques années, commis en majorité par un réseau terroriste pro-iranien, le tristement célèbre Hezbollah libanais. Des bombes cachées dans des restaurants, des grands magasins, à l'aéroport d'Orly, dans un lycée, tous ces endroits très fréquentés. Partout et toujours, la même stratégie : piéger, tuer, semer la terreur. J'avais déjà couvert trois attentats, mais jamais d'aussi près. Celui-là va me laisser des traces. Tous ces corps figés dans la mort ou tordus par la douleur, enchevêtrés sur le trottoir, comment les abandonner ? Comment les oublier ?

Rappelons la tragédie, trois ans plus tôt, d'une grande avocate, Françoise Rudetzki. La veille de Noël 1983, au Grand Véfour, elle fête avec son mari leur anniversaire de mariage quand une bombe explose. Sept semaines de réanimation s'ensuivent, et des dizaines d'opérations. Elle a eu les deux jambes broyées, mais après deux septicémies elle refuse toujours l'amputation. Quand on lui demande pourquoi elle s'impose une telle souffrance, elle répond : « Je refuse l'idée d'une atteinte à l'intégrité de mon corps, de me mettre devant une glace et de me voir avec une jambe en moins. Je n'accepte pas, pour moi, pour mon mari et pour ma fille. »

Une épreuve que le couple vit dans la solitude. À l'époque, la préfecture les recense comme « victimes d'agression ». Quelle agression ? Je ne vois que des blessures de guerre : rue de Rennes, j'ai revécu le Sud-Liban, le caméraman et le preneur de son gisant à mes pieds.

Confrontée à cette absence de reconnaissance et de soutien aux victimes du terrorisme, Françoise transforme sa lutte personnelle en une vaste cause collective : l'association SOS Attentats. En quelques mois, elle réussit à faire inscrire dans la loi le droit des victimes à se faire indemniser. Sa combativité a convaincu tout le monde, y compris le président de l'époque, François Mitterrand, qui lui a exprimé son respect.

Je décide d'appeler cette femme :

— J'ai un projet de documentaire sur les victimes du terrorisme. Pouvons-nous nous rencontrer ? Pouvez-vous me mettre en contact avec ces survivants ?

— J'aimerais vous dire oui tout de suite. Mais c'est délicat. C'est un trauma très intime. Il va falloir que je les appelle une par une pour les mettre en confiance. Le manque d'intérêt que ces personnes ont subi jusqu'ici les a plutôt désabusées.

— Je comprends. Je vais essayer de traduire en images et en mots la lutte que vous menez contre la plus injuste des peines supplémentaires : l'oubli.

Marie-Valentine a vingt ans. À la veille de Noël, elle était vendeuse aux Galeries Lafayette. Mauvais endroit, mauvais moment. Le 7 décembre 1985, un peu avant 18 heures, une bombe incendiaire lui brûle la moitié du visage et du corps. Les traces matérielles du magasin seront réparées dans la nuit, celles inscrites sur le visage de Marie-Valentine seront beaucoup plus longues à effacer. Elle doit porter en permanence un masque de compression qui ne laisse voir que ses yeux, sa bouche et ses oreilles. Elle choisit très courageusement de nous laisser la suivre dans les rues de Paris.

— Les moqueries des gens qui passent sont difficiles à vivre. Le masque est vu comme un déguisement, ils ne savent pas qu'il couvre des blessures.

Parmi toutes ces vies rongées par la souffrance et la honte, le destin de Marie-Valentine me bouleverse et me révolte particulièrement. Suivre son parcours de grande brûlée est l'une des épreuves les plus effrayantes que j'aie connues dans ma carrière de grand reporter. Les corps meurtris sont plongés dans des bains désinfectants, un enfer qui ravive les plaies. Les cris de douleur déchirent l'air et ravagent le cerveau de tous ceux qui les entendent.

Dans ce chemin qui va de la mort à la vie, il faut tout réapprendre : respirer, communiquer, regarder le monde en face. Le centre thermal de La Roche-Posay, dans la Vienne, ressemble à un mess de vétérans qui peuvent enfin nommer entre eux l'indicible, quelle qu'en soit l'origine.

— La cure, c'est la première fois qu'on rencontre d'autres brûlés, me confie Marie-Valentine. Elle redonne goût à la vie, à la communication, à la cohabitation avec ses propres blessures. Oui, l'attentat m'a fauchée en plein vol mais je n'ai pas envie que ce soit décisif et que ça m'arrête.

Parmi tous les témoignages que je recueille, je retiens la détresse de Marie-Claude, professeure de collège, brûlée, brisée, meurtrie, dont le désir principal est de mourir. Je suis aussi marquée par le désespoir d'une petite fille et de son papa, qui ne savait pas comment lui apprendre que sa maman était défigurée, mais bien vivante. Plein d'une froide colère, il raconte :

— Dès que ma femme a pu parler, j'ai obtenu un téléphone à l'hôpital Boucicaut pour qu'elle appelle notre fille. J'ai reçu ensuite une facture du Trésor public pour le coup de fil : je dois à l'État 17,30 francs.

Françoise Rudetzki n'a cessé elle-même de se battre :

— Mon mari et moi étions tous les deux hospitalisés. Aucune institution officielle n'a réagi à notre accident. Personne ne s'est inquiété de savoir si notre fille était seule à la maison ce soir-là, personne n'a essayé de prendre contact avec notre famille. Ce qui nous a beaucoup choqués aussi, c'est l'hostilité des propriétaires du restaurant qui ont comme nié notre existence. Nous leur avons écrit à plusieurs reprises, ils nous ont adressé un simple courrier pour nous mettre en contact avec leur avocat. Le mépris absolu de la personne humaine, je ne savais pas ce que c'était avant.

Inhumanité en résonance avec l'attentat lui-même…

— Que l'on puisse nier ainsi une personne, une famille est très difficile à accepter, poursuit Françoise Rudetzki. Nous avons aussi dû faire face à l'hostilité de la Sécurité sociale qui, alors que nous n'avions pas touché un sou, nous a écrit : « Nous avons appris par la presse que vous cherchiez à vous faire indemniser. Sachez que sur toute somme que vous toucherez, la Sécurité sociale se paiera de sa créance, c'est-à-dire des soins payés pour vous soigner. » Si ce n'est pas aussi de l'agression…

La loi a toujours reconnu les accidentés de la route ou du travail. Après des années de lutte, grâce à Françoise, elle reconnaît désormais les victimes d'attentats. Indemnisation, réparation du préjudice physique, moral, économique, et un fonds de garantie. Ce n'est qu'une première reconnaissance, loin d'être parfaite pour les morts et les blessés. Quel expert pour chiffrer la jambe d'une rescapée ?

Vient la question des commanditaires et des coupables. Je demande à tous les rescapés ce qu'ils feraient s'ils rencontraient les terroristes. Du pardon à la haine, le spectre des réponses est large. Il y a ceux, nombreux, qui assument leur soif de vengeance :

— Si j'attrape celui qui m'a fait ça, me dit un rescapé, je peux le brûler autant qu'il m'a brûlé. Je n'ai aucune pitié.

— Je le tuerais, me dit une autre. Lui m'a tuée. Mon cœur bat, tout fonctionne. Mais ce que j'étais avant est mort.

Maya, la Libanaise, me surprend par sa dignité :

— Je ne veux pas savoir qui il est. Je ne sais pas pourquoi il a fait ça. Peut-être ne le sait-il pas lui-même… Il ne m'inspire pas de haine mais ce n'est pas à moi de décider ce qu'il faut faire de lui, Dieu décidera.

Marie-Valentine, elle aussi, refuse la spirale de la violence :

— Les terroristes ne m'ont jamais inspiré de la haine. Tuer ou brutaliser ces gens reviendrait à les imiter.

Sa vaillance, sa sagesse sont une leçon de vie. Tout comme celles de Françoise Rudetzki :

— J'aimerais essayer de comprendre pourquoi des hommes sont amenés à accomplir de tels gestes. Si on le comprenait, peut-être pourrions-nous les prévenir ?

— Enfin, dans notre situation, je pense qu'on a le droit de ne pas être sociologue. Laissons ça à d'autres, ironise son mari.

Qui se souvient encore ?

3 octobre 1980, rue Copernic : 4 morts, une quarantaine de blessés.

22 avril 1982, rue Marbeuf : 1 mort, 60 blessés.

9 août 1982, rue des Rosiers : 6 morts, 22 blessés.

17 septembre 1982, lycée Carnot : 51 blessés.

15 juillet 1983, aéroport d'Orly : 8 morts, 56 blessés.

23 décembre 1983, restaurant Le Grand Véfour : une dizaine de blessés.

23 février 1985, magasin Marks & Spencer : 1 mort, 14 blessés.

9 mars 1985, cinéma Rivoli-Beaubourg : 18 blessés.

7 décembre 1985, Galeries Lafayette et Printemps Haussmann : 43 blessés.

3 février 1986, galerie marchande de l'hôtel Claridge : 8 blessés.

5 février 1986, Fnac-Sport du Forum des Halles : 22 blessés.

17 mars 1986, TGV à hauteur de Brunoy (Essonne) : 9 blessés.

20 mars 1986, galerie Point Show des Champs-Élysées : 2 morts, 29 blessés.

8 septembre 1986, bureau de poste de l'Hôtel de Ville de Paris : 1 mort, 21 blessés.

12 septembre 1986, Casino Cafétéria au centre commercial de la Défense : 54 blessés.

15 septembre 1986, préfecture de police : 1 mort, 56 blessés.

17 septembre 1986, magasin Tati, rue de Rennes : 7 morts, 55 blessés.

Et tant d'autres depuis…

Françoise Rudetzki s'est battue toute sa vie pour faire bouger les lignes pour les victimes. Ne l'oublions pas.

Elle est partie dans la nuit du 17 mai 2022, consciente d'une mission accomplie au service des autres. Triste aussi, sans doute, de voir les attentats mortellement refleurir, aussi absurdes, aussi barbares, et encore plus dévastateurs.

10

Chute du mur de Berlin

Novembre 1989

Face au mur de la honte, dans la nuit berlinoise, ils sont déjà des centaines, marteaux et pioches à la main, poussant un unique cri de guerre : « *Die Mauer muss weg !* » « Le Mur doit tomber ! »

À peine avons-nous atterri à Berlin-Schönefeld que s'élève de la ville un martèlement incessant, entêtant, que je n'oublierai jamais. Il vient des *Mauerspechte*, les pics-verts du Mur. Kiak ! Kiak ! Kiak ! Tout autour de nous, c'est l'euphorie. Les gens évoluent entre stupeur et allégresse. Ils n'en croient pas leurs yeux, ni aucun autre sens. Des inconnus se serrent dans les bras.

Depuis quelques jours, des frémissements agitaient Berlin.

— J'ai l'impression que c'est le tournant du siècle, Marine, me lance Dominique Bromberger, rédacteur en chef du service de politique étrangère à TF1.

À distance, il prend le pouls de l'événement. Autour du Mur, des rassemblements toujours plus nombreux, d'une heure à l'autre, tout peut basculer. Les téléscripteurs s'affolent, les dépêches dégringolent, le mur de

Berlin commence à se fissurer. La fin du XXe siècle débute en direct sous nos yeux : la muraille érigée en une nuit au milieu de Berlin en 1961 est sur le point de s'effondrer. « Il faut partir vite », me dit Dominique, excité par l'info.

— Nous ne sommes que deux ! Rapatrie tout le monde à la rédaction ! Il nous faut plusieurs équipes sur le pont ! C'est la fin de la guerre froide !

Martin Bouygues, patron de TF1, qui a lui aussi compris ce qui se passe, met tout de suite les grands moyens à notre disposition. Son avion nous attend sur le tarmac du Bourget. Je suis du voyage. Le bon endroit au bon moment : mon obstination dans ce service, du matin au soir, paie enfin. Je ne veux rien manquer de ce rendez-vous. J'ai conscience cette nuit-là de côtoyer l'Histoire en marche.

Nous sommes au pied du Mur. Au milieu de cette foule apparaît un visage connu. L'homme s'installe discrètement sur une chaise, sans regarder personne. Son calme tranche dans l'excitation ambiante. On le sent ému et habité par ce qui se passe, il sort lentement un instrument de musique de son grand étui. Mais bien sûr ! C'est Mstislav Rostropovitch, le violoncelliste russe exilé à l'Ouest. Il me dira plus tard :

— Je suis venu jouer ici pour que l'on se souvienne de tous ceux qui sont morts à cause de ce mur.

Tous alors l'entourent et l'applaudissent. Sa présence tranquille dans ce moment attendu par tous depuis si longtemps est intense et inoubliable. L'image et la musique font le tour du monde.

Dans ce bain inouï de liesse et de fraternité, je me dirige vers un trou percé dans le mur. Je regarde au travers. De l'autre côté, un no man's land où rien ne se passe. Le désert des Tartares.

Mon équipe est là, qui attend. Je lance à la cantonade :

— Et si nous allions au check-point, voir ce qui se passe ? On pourrait peut-être entrer dans ce no man's land, et surtout filmer de l'autre côté ?

— Marine, s'il n'y a personne, c'est peut-être encore dangereux. Souviens-toi que jusqu'ici ils tiraient sur tous ceux qui essayaient de passer.

Arrivés aux abords du check-point, la réponse ne se fait pas attendre. Voilà que le rideau de fer s'entrouvre. Le colonel de la Stasi affecté à la police des frontières a cédé sous la pression : absence de consigne des supérieurs. C'est la liberté totale. Un flot ininterrompu envahit la nuit de Berlin-Ouest, poussé par la peur que le mur ne se referme. Cette peur, je la connais. Remonte dans ma mémoire ma première rencontre avec l'Est, deux ans auparavant. J'ai été envoyée faire un état des lieux des conditions de vie en RDA. Dans l'hôtel où je suis descendue, tout un étage est occupé par la police secrète, me murmure discrètement notre traducteur.

— Surtout, ne racontez rien qui concerne les gens que vous rencontrez. Ils surveillent tout ce qui se dit, tout ce qui se passe. Tout le monde est constamment épié ici.

Le souvenir le plus précis qui reste incrusté dans ma mémoire, c'est la visite d'une synagogue défigurée par les traces d'un grand incendie. Impossible de savoir ce qui s'y est réellement passé, et quand. Constat glaçant : rien dans cet endroit n'a bougé depuis de longues années.

Les devantures des boutiques, le peu qu'elles recèlent, la tristesse de ceux que nous croisons, tout me paraît sinistre. Est-ce l'entière réalité ? Pas assez de temps pour enquêter. Difficile d'échanger avec une population qui n'ose pas dire un mot.

En cette nuit de novembre 1989, tout est différent. La vision des files de Trabant, petites caisses à savon populaires et pétaradantes passant à l'Ouest, leurs conducteurs ébahis au volant, est unique. Quelques heures plus tôt, ils étaient encore prisonniers derrière ce mur de béton, ses barbelés et ses miradors.

Ouvriers, paysans, cadres, jeunes et vieux sont aussi extatiques qu'intimidés. Comme dans une photo délavée des années cinquante qui s'anime sous nos yeux, vêtements, coiffures, visages, tout semble figé dans le temps. Des grappes d'adolescents découvrent effarés l'Occident diabolisé, cet autre monde, ce Berlin-Ouest qui impose ses couleurs, sa musique techno, l'opulence de ses magasins. *Ossies* de RDA et *Wessies* de RFA se regardent à présent dans les yeux. Pour les uns comme pour les autres, tout semble irréel. L'Allemagne tout entière s'est donné rendez-vous ici. Les cloches de Berlin sonnent la liberté toute la soirée.

La première pierre d'une nouvelle ère vient d'être posée. La prédiction de Honecker – « Le mur sera toujours là dans cent ans » – a volé en éclats. À quand la chute de tout le bloc de l'Est ?

À force de fouiner dans les rues proches du mur, au troisième jour de la chute, nous découvrons un promontoire tourné vers l'est. Nous montons. Se tient là un homme sans âge qui regarde au loin, au-delà du no man's land, et qui me dit :

— Vous savez, madame, je suis très ému parce que ce mur, je l'ai vu se construire sous mes yeux. Je ne pensais pas que je le verrais tomber avant ma mort. À présent, je peux mourir en paix.

Nous essayons de trouver de l'autre côté du mur des témoins qui feraient écho à ces paroles. Dans l'un des immeubles qui nous apparaissent désertés, nous croisons dans l'escalier une vieille dame. Je lui demande si elle se souvient du jour où tout s'est refermé :

— Je ne me suis jamais retournée vers le passé, sinon je me serais suicidée. Ce jour-là, j'ai été séparée de toute ma famille dont je n'ai jamais eu la moindre nouvelle. Je ne pourrai jamais retrouver toutes ces années volées. À quoi bon aujourd'hui aller à l'Ouest ?

Les reportages que je tourne avec mon équipe dépassent notre entendement. Nous passons trois jours et trois nuits inoubliables, sans penser à dormir et à peine à manger, en état de lévitation. Partout, j'essaie de capter les visages les plus expressifs et de recueillir les paroles les plus justes. Ce qui reste d'un événement historique, plus que l'enchaînement des faits, est l'émotion qu'il suscite.

Amère déception.

Aucune de nos images ne sera diffusée, aucune ne sera conservée. L'ironie de ce grand moment de journalisme est qu'à cause de la saturation des canaux de diffusion par les centaines de journalistes présents à Berlin jamais nos reportages ne passeront à l'antenne de TF1. Me reste le souvenir d'avoir partagé ce rêve éveillé avec tout un pays. La réunification allemande, l'un des moments décisifs de l'histoire du XXe siècle.

En rentrant à Paris, je sens à la manière dont on me traite dans les couloirs de TF1 que j'ai gagné mes galons de grand reporter, et que je vais pouvoir partir couvrir l'info à travers le monde.

11

Embrasement dans le Golfe

2 août 1990

Saddam Hussein envahit le Koweït : la guerre Iran-Irak a ruiné l'ancienne Mésopotamie et le richissime émirat pétrolier a refusé d'annuler la dette phénoménale contractée par Bagdad. Estimant que l'Irak avait combattu l'ennemi perse pour le compte de tous les Arabes, le raïs irakien trouve naturel que le Koweït, qu'il considère comme « la dix-neuvième province », lui fasse ce cadeau. En quelques heures, le Koweït est envahi, la résistance se révèle dérisoire et la famille régnante s'enfuit en Arabie saoudite. La condamnation internationale est quasi unanime et les bruits de bottes commencent à se faire entendre.

Cette crise me donne la chance d'entamer un tour des capitales du monde arabe. S'enchaîneront pendant presque une année Le Caire, Jérusalem, Dubai et les Émirats, Amman, Dahran, Djeddah, Riyad et Bagdad.

À longueur de plateaux, généraux, politiques et journalistes pèsent déjà les forces en présence, imaginent les stratégies militaires amies ou ennemies avant de tout contredire le lendemain. Tout cela m'ennuie.

Je veux voir, écrire, sentir la guerre à ma manière, dans le désert, chez les Bédouins, sous les tentes des légionnaires en première ligne, sur les porte-avions américains, dans les coulisses des ambassades.

Septembre 1990

Bagdad, 21 heures. Nous sommes à quatre mois de la première guerre du Golfe. Je rencontre à l'ambassade de France un diplomate remarquable, à l'esprit fin et modeste : André Janier. Derrière ses fines lunettes et le costume imposé par la fonction, je sens que je peux faire confiance à l'homme. Peu de ceux que je rencontrerai dans ma carrière seront à sa hauteur. Quand je sors de cette entrevue, mon chauffeur n'est pas là. Il vient d'être arrêté, je ne le sais pas encore. Pas de chance un soir de couvre-feu. Je me retrouve seule dans ces rues interdites et je n'ose pas déranger la sécurité de l'ambassade. Je cherche une solution sur le square Firdos où se dresse la monumentale statue de Saddam Hussein. Les rues sont vides, mal éclairées, l'armée patrouille dans le secteur.

Je n'en mène pas large. Au loin, j'entends la pétarade d'un tacot qui se dirige lentement vers moi. Il s'arrête à ma hauteur, on dirait une voiture à pédales. L'homme qui en sort est un géant, à la fois étonné et inquiet :

— *Madam, Madam, no good ! No good ! Come !*

— *Taxi ?*

— *Yes !*

— *Hotel Al Raschid ?*

— *Yes, Madam, quick !*

Il ne sait que trois mots d'anglais. Son inquiétude m'inspire confiance, son sourire me convainc. Je monte. J'espère que je ne me trompe pas, je n'ai pas encore développé le flair de l'expérience. Après le choc du Liban, l'Irak est mon premier vrai conflit. Et malgré tous les interdits, dictature oblige, bizarrement je n'ai pas peur. Il faut savoir qu'à Bagdad les journalistes sont sous contrôle permanent : nous ne pouvons nous déplacer qu'avec des chauffeurs et des traducteurs agréés par le ministère de l'Information.

Nous arrivons à l'hôtel sans encombre. Le chauffeur s'appelle Adnan, il est chiite, une majorité discriminée dans un pays dirigé par les élites sunnites. Et il joue au basket. Futé, pétillant, débrouillard, cette incarnation de mes souvenirs d'Ali Baba sera mon sésame.

Je réussis à l'imposer au représentant du ministère de l'Information, Oudaï, ancien diplomate irakien rencontré à l'ambassade à Paris. Lui et moi nous connaissons bien. Il me laisse faire, ce qui m'intrigue. Adnan et le traducteur, Yasser, mon duo de confiance, trouvent eux aussi cette exception anormale. Des années plus tard, je demanderai à Oudaï :

— Pourquoi ai-je pu choisir mon chauffeur ?

— Il n'y avait que toi pour faire des conneries pareilles. Avec mes services, on se disait que cette rencontre avec Adnan cachait quelque chose. Te connaissant, je pensais que tu allais nous conduire à quelque extrémiste ou opposant dans les quartiers chiites où t'emmenait Adnan.

— Ah ? J'étais votre appât ? Tu me prenais pour une blonde ?

— Plus maligne ! Pour te dire la vérité, je savais que le régime n'en avait plus pour longtemps...

Oudaï sait que la population vit sous le règne de la terreur : harcèlement, chantage, répression, torture, disparitions... La police d'État, celle du parti Baas, est partout. Par nationalisme, j'imagine, il reste un suppôt de ce pouvoir sanguinaire. Mais l'homme s'arrange avec ses contradictions pour me permettre d'outrepasser les règles. D'un côté il est engagé dans le parti, de l'autre il est manifestement conscient de l'absurdité de tous ces interdits, de toute cette brutalité. Quant à Adnan, sa présence à mes côtés m'aidera beaucoup. Il m'ouvre les portes des foyers chiites et je vais grâce à lui tisser peu à peu des liens avec des contacts de confiance et bien informés.

Depuis l'invasion du Koweït, toutes les télévisions sont branchées sur cette guerre qui s'annonce. On dit que l'Irak possède la quatrième armée du monde. Pourra-t-elle rivaliser avec les grandes puissances ? Des centaines de journalistes se ruent sur place pour tâter le pouls de la population irakienne et celui de son leader. C'est une guerre d'un genre nouveau, nous dit-on. En réalité un festival de leurres, de propagande, d'intoxication alors qu'elle n'a pas encore commencé.

Un mot s'insinue dans les conversations, les gaz. Effrayant. Saddam Hussein les a déjà utilisés contre sa propre population, au Kurdistan : cinq mille morts. C'est la hantise de tous. Verdun, le gaz moutarde, tout me parle. Mon enfance, mon grand-père.

Je demande à l'armée française l'autorisation de me rendre avec mon équipe en première ligne, sur la frontière irako-koweïtienne. Sans plus d'explication, on m'envoie suivre le génie, c'est-à-dire la maintenance, la logistique, en zone protégée loin des combats potentiels. La Grande Muette n'a pas à se justifier. En 1990, elle est plus habituée aux baroudeurs des rédactions qu'aux jeunes femmes qui débarquent dans ce pré carré masculin. À force d'insistance, nous décrochons quand même le front avec la Légion.

Rejoindre les forces françaises dans ce désert relève du jeu de piste. Et dans un campement planté au milieu de nulle part, 3 500 légionnaires occupent la position la plus avancée au nord de l'Arabie, à portée des gaz irakiens.

Le code et le mythe du légionnaire prennent ici toute leur signification. Ces hommes le savent : dans cette paix qui tient tête à la guerre, leur mission est incertaine et longues seront leurs soirées. Nous rencontrons le lieutenant Marcel.

— Quelle frontière et quelle cause êtes-vous venus défendre ?

— Contre qui ? On le sait. Pourquoi ? Nous n'avons pas d'états d'âme. Nous nous sommes préparés mentalement pour tenir un an.

Pas d'états d'âme ? Ils ont vu le conflit Iran-Irak et les dégâts causés par les armes chimiques…

— Bon, l'angoisse, c'est quand même la réaction qu'on va avoir face à l'attaque. Est-ce qu'on va bien maîtriser les gestes appris ? Le combat chimique, c'est l'inconnu.

Comme plusieurs fois par jour, une alerte retentit. Attaque simulée ou réelle ? Nous savons quoi faire : aller immédiatement revêtir notre tenue NBC (nucléaire, biologique, chimique). Il fait quarante degrés à l'ombre. Pas le temps d'échanger avec mon équipe : nous avons une minute pour enfiler l'équipement, masque à gaz compris. C'est loin d'être gagné, même chez les militaires. Pour tout retardataire, ce sera l'écume aux lèvres et l'agonie dans d'atroces souffrances. Soulagement et rires jaunes. Ce n'était qu'un entraînement, nous ferons mieux la prochaine fois.

Pour l'anecdote, ce ne sont pas les gaz qui ont failli m'emporter. Deux gardes du corps à l'entrée de ma tente m'ont bien protégée toute la nuit, mais à leur insu l'ennemi s'est infiltré dans mon sac de couchage. Au petit matin, je découvre deux scorpions qui m'ont gentiment tenu compagnie pendant mon sommeil...

Si les légionnaires sont aguerris, nous croisons un peu plus loin quelques marines déboussolés dans le désert à la nuit tombée. Les boys cherchent à regagner leur campement, et nous notre hôtel. Avec ces représentants de la plus grande armée du monde, nous voilà bien démunis dans les dunes, sans aucun repère. Finalement, nous apercevons au loin un campement de dromadaires et de Bédouins.

Nous les rejoignons en les congratulant comme des sauveurs. Ce qui les amuse :

— Depuis que vous êtes là avec vos gros fusils, c'est un problème. Les bruits, c'est un problème. Avant, ici, c'était le silence. Les animaux ne comprennent pas ce qui se passe, ce vacarme les effraie. L'ânesse ne donne plus de lait, les chèvres courent comme vous dans tous les sens.

Un adolescent raccompagne les soldats jusqu'à leur base. Après un thé à la menthe, nous finirons avec mon équipe par dormir avec les Bédouins, à la belle étoile.

Le temps s'étend, très long. Provocations, négociations, espoirs, échecs. Le monde entier attend. Toujours pas de guerre, une drôle de paix. Nous continuons notre périple dans le Golfe, où toutes les armées s'installent et se préparent sur le futur champ de bataille.

J'ai souvent Roch au téléphone. Ancien navigateur sur la *Jeanne*, il enrage un jour de me savoir si près de la flotte américaine déployée au large.

— Roch, tu ne me croiras jamais, ils ont accepté !

— Accepté quoi ?

— Ben, le *Nimitz* ! Le porte-avions nucléaire !

— Quoi ? Toi ? Seule avec tous ces marins ?

— Oh ! écoute, Roch, ça va le machisme. J'en ai vu d'autres. En fait, tu es jaloux. Dans les dîners, tu n'auras plus l'exclusivité des navires de guerre. La prochaine fois, je demande un sous-marin !

— Et pourquoi pas la Lune ?!

Ces petits intermèdes de vie privée me font du bien. Voilà six semaines que j'ai quitté la maison. Habituellement c'est lui, aujourd'hui c'est moi.

Première étape pour rejoindre le *Nimitz* : l'appontage. En une fraction de seconde, l'avion se colle au pont. Un vrai choc physique. Mon corps tout entier est secoué comme une poupée de chiffon.

— *Welcome on board !*

Un porte-avions ! Je n'en ai vu qu'au cinéma. Ses escaliers s'enfoncent si profondément que j'en ai le vertige. Nous partons à la découverte d'une petite île fortifiée et mobile habitée par 6 300 hommes aux aguets. J'interroge le premier d'entre eux, le commandant du *Nimitz* :

— Mais comment arrivez-vous à vous évader ? À rester en forme ? Vous n'étouffez pas ?

— Être sur ce bateau est un privilège. Vous vous rendez compte où vous êtes ? Au milieu de la mer, sur l'un des plus puissants bateaux de guerre au monde. Et moi, j'ai la chance d'y travailler. C'est ça, mon évasion. Notre mission est essentielle. En ce moment, nous sommes sur le pied de guerre. Rien d'autre ne compte.

Nous le suivons au centre opérationnel, où le cerveau du bâtiment reçoit et analyse toutes les informations. Le moindre mouvement militaire, le moindre frisson de politique internationale y sont enregistrés, décodés par des hommes dont chaque réflexe, chaque réflexion compte.

Mes jambes n'en peuvent plus. Depuis des heures, je monte et je descends sans fin, comme dans les escaliers d'Escher. Le bâtiment s'élève sur une quinzaine d'étages, avec son hôpital, sa prison et son centre psychiatrique. Je comprends aussi pourquoi on m'a promis un garde du corps à la porte de ma cabine. Ici les femmes sont rares, pour ne pas dire absentes. Je n'en ai croisé aucune.

Dans cette ville toujours en éveil, les salles de sport ne sont jamais très loin. Je croise Rocky Balboa à tous les étages. Malgré le bruit et la sueur, nous découvrons enfin l'une des rares zones de paix du bâtiment. Les visages des soldats traduisent ici mieux qu'ailleurs la force des désirs, des stress, des colères. Un Incroyable Hulk me confie :

— On s'entraîne deux à quatre heures par jour en équipe. C'est essentiel pour tenir. Nous sommes accros au travail, plus de douze heures par jour en moyenne. Dans une situation folle, comme en ce moment, l'entraînement en équipe permet de retrouver son équilibre.

Sur le pont d'envol, vingt-quatre heures sur vingt-quatre, la flotte embarquée peut décoller à raison de deux avions toutes les minutes. Une puissance de feu rapide et implacable.

Nous y retrouvons le pacha qui fait son jogging matinal :

— Je cours une heure. C'est le seul moment où je peux respirer. Ce bâtiment n'accoste jamais, ses deux réacteurs nucléaires assurent son autonomie et nous restons à bord entre trois et six mois. Il faut des nerfs trempés dans l'acier. Nos hommes, comme le matériel, sont poussés à l'extrême.

À bord, l'alerte est un état permanent, la stratégie un credo, la surveillance une seconde nature. Le match doit se rejouer sans cesse et chaque jour, les 6 300 hommes refont l'expérience de la guerre en temps de paix. Au moment du départ, j'ai le droit à un cadeau, un écusson du *Nimitz*. Je sens qu'on va me le piquer à la maison !

* * *

9 janvier 1991

La conférence de paix de Genève est le théâtre d'ultimes négociations entre James Baker, secrétaire d'État américain, et Tarek Aziz, ministre irakien des Affaires étrangères. Les États-Unis et la communauté internationale exigent le retrait irakien du Koweït. Le monde entier est suspendu à cette rencontre.

Une centaine de journalistes patiente à l'hôtel Inter-Continental de Genève. Certains surnomment ce bâtiment imposant sur les collines « l'ambassade de l'ONU ». Finalement, les négociations échouent, James Baker s'apprête à rentrer à Washington, alors que Tarek Aziz est introuvable. Personne ne sait où est l'homme dont dépend la guerre à venir.

Est-ce parce que je travaille pour TF1, la plus grande chaîne européenne ? Toujours est-il que je me retrouve, ce soir-là, à dîner avec le directeur de l'hôtel, Herbert Schott. Une occasion en or, un scoop inespéré car cet homme de l'ombre est familier des coulisses du pouvoir. Nous discutons de la situation quand son talkie-walkie se met à vibrer. Son service de sécurité a retrouvé Tarek Aziz, qui était à l'ambassade d'Algérie pour une ultime consultation. Il revient à l'hôtel. Le directeur se lève avec un sourire et me demande :

— Est-ce que vous voulez rencontrer Tarek Aziz ?

— Évidemment !

Lui seul détient la réponse : la paix ou la guerre ?

Mon équipe n'est malheureusement pas à proximité. Impossible donc de prendre des images ou de l'interviewer. Malgré tout, je saute sur l'occasion.

Poussée dans l'ascenseur par Herbert Schott, je me retrouve nez à nez avec l'homme que recherchent tous les journalistes ce soir-là dans Genève. Le directeur dit au Premier ministre irakien :

— Cette journaliste a toute ma confiance.

Tarek Aziz, l'air abasourdi et exténué par la pression, semble pris de court devant l'incongruité de la situation. Il finit par me proposer poliment un thé dans sa suite. Dans mon enthousiasme, et n'ayant peur de rien, je m'entends encore lui dire :

— Monsieur le ministre, ma demande est simple : repartir avec vous pour Bagdad.

Long silence diplomatique et atterré. Je continue sans me démonter :

— Ce serait tout de même plus pratique que le périple qui m'attend entre Amman et Bagdad, douze heures d'une route épuisante et dangereuse !

Sa réponse est brutale :

— La jeune femme que vous êtes ne devrait pas se rendre là où je vais. À moins de vouloir aller en enfer.

Il ajoute :

— Mais si tel est votre souhait, vous serez parmi les premiers journalistes à m'interviewer en arrivant.

Et il me confie les coordonnées personnelles de sa secrétaire particulière. Je ressors de sa suite avec cette information : la guerre est déclarée.

Devant le refus de Saddam de quitter l'émirat, Washington organise une formidable coalition internationale. Après plusieurs ultimatums, la reconquête du Koweït commence le 17 janvier 1991 par une intense campagne de bombardement aérien.

Ce sera une guerre éclair, la première du genre, que les caméras de CNN, la nouvelle chaîne d'info américaine, projettent sur nos écrans en continu. Des frappes censément chirurgicales, un grand feu d'artifice dans la nuit filmé par un de mes amis, Fabrice Moussus, qui travaille à l'époque pour ABC News.

Alors que tous les journalistes sont guidés vers les abris souterrains avec tout le personnel de l'hôtel pour se protéger, Fabrice a l'idée kamikaze de s'enfermer dans le placard de sa chambre. S'ensuit une peur bleue et de toutes les couleurs durant la nuit. Il m'avouera :

— Ce soir-là, j'ai saisi la chance de ma vie. Les bombardements étaient si intenses que j'avais l'impression d'être à l'intérieur d'un jeu vidéo. Je suis le seul à avoir eu cette idée. J'ai touché le gros lot, mes images ont fait le tour du monde.

L'offensive terrestre sous commandement américain écrase en quelques jours la mythique mais faible armée irakienne. Les forces alliées entrent bientôt dans le nord et le sud du pays, les régions kurdes et chiites opprimées par Saddam. Ces populations se soulèvent, pensant que l'Oncle Sam les libérera du dictateur. Terrible méprise. George Bush père reste très pragmatique : il n'a aucun intérêt à renverser le régime qui protège toute la région contre l'Iran. Il ne poursuit donc pas la guerre jusqu'à Bagdad, permettant à Saddam de survivre après sa capitulation.

Avant de quitter le Koweït, Saddam Hussein, mauvais perdant, déclenche une catastrophe écologique absolue en incendiant plus de sept cents puits de pétrole.

28 juillet 1991

Dans ces circonstances, je rencontre les « pompiers du Texas », spécialistes de l'extrême pétrolier. Ils sont les seuls dans le monde à pratiquer un tel métier. Dans le désert immense où brûlent des centaines de puits, le ciel est couleur d'acier. Les jours se confondent avec les nuits. Dans cet univers cauchemardesque que nous découvrons, de minuscules silhouettes au casque jaune se déplacent, protégées par des combinaisons et des masques.

Un matin, nous en suivons quelques-unes vers le champ pétrolier d'Alarmadi. Un autre jour dans la nuit de Jim Lebeau, grand gaillard aux yeux bleus qui percent dans son visage dégoulinant de pétrole. Il nous dit avec son accent acadien :

— Je suis là depuis quatre mois. C'est ma troisième rotation. Douze semaines dans la fournaise.

Ce matin de juillet, lui et son équipe, une douzaine d'hommes, s'apprêtent à « tuer », comme ils le disent, le puits numéro 34.

— Chaque puits est un cas. On a surnommé celui-ci « la sale bête », il nous résiste avec acharnement depuis une quinzaine de jours.

Ici, il s'agit de remplacer la tête du puits sabotée, travail particulièrement ardu et délicat. La moindre étincelle risque de réactiver l'incendie. Les « pompiers texans » le savent, chacun confiant sa vie à l'autre. L'équipe de Jim Lebeau est l'une des plus performantes : ils « tuent » sous nos yeux leur vingt-huitième puits.

— Aucun puits ne nous résiste.

Les questions sur les risques, leur salaire, ils n'y répondent pas.

— Seul le résultat compte.

La détermination de ces pompiers me fascine. Une dizaine d'entreprises américaines et canadiennes s'échinent depuis la fin de la guerre à éteindre les puits au rythme de deux à trois par jour. Près de cinq cents sont toujours en flammes. Une centaine de millions de dollars s'envolent chaque jour dans ces immenses volutes de fumée noire, pour de longs mois encore.

Les incendies ont créé autour d'eux une zone rougeoyante, semblable à de la lave. Sans parler des mines, des obus, des bombes à fragmentation laissés un peu partout par les Irakiens. Le pays mettra plus d'une génération à s'en remettre.

Le plus grand sabotage pétrolier de l'Histoire, vingt millions de tonnes d'hydrocarbures déversés dans le sol. Sous mes yeux, une catastrophe écologique sans précédent pour une riposte ridicule, infantile, à la coalition dirigée par les États-Unis. Les traces s'en feront sentir jusque dans l'Himalaya. Un par un, les feux seront éteints, mais la région restera inflammable.

12

Polygone de la mort en URSS

16 octobre 1991

Aux confins d'une steppe aussi grande que la Belgique, nous découvrons une ligne de chemin de fer dont la population a longtemps ignoré qu'elle menait à l'endroit le plus secret de l'Union soviétique.

Nous sommes au Kazakhstan, grand comme cinq fois la France. Le « camp socialiste » vient juste de s'effondrer, l'URSS a disparu. Les observateurs avaient raison, Berlin n'était que la première pièce d'un gigantesque domino. Quinze républiques soviétiques déclarent l'une après l'autre leur indépendance. Toutes les routes s'ouvrent pour la première fois. L'URSS n'est plus. Les secrets d'État tombent, les langues se délient un peu après des décennies de dictature.

J'ai lu un papier dans *Le Monde* qui parlait de ces rails mystérieux qui mènent à ce que mon confrère a nommé « le Polygone de la mort. » Cette histoire me passionne, je choisis d'explorer cette route d'Asie centrale.

— On ne savait pas que cette ville existait parce qu'elle ne figurait sur aucune carte. On savait seulement que c'était une zone militaire interdite, rien de plus, me dit Olga, la traductrice.

Un jour de 1949, dans ce pays de steppe et d'élevage, Moscou a décidé que ce site deviendrait un centre d'essais nucléaires secrets, connu des initiés par le code postal Semipalatinsk-21. Pendant quarante ans, au mépris absolu des populations, on a fait exploser ici près de cinq cents engins nucléaires. Scientifiques, techniciens, expérimentateurs, ouvriers vivaient dans la cité secrète de Kourtchatov, du nom du père de la bombe A soviétique.

Dans les rues du village le plus proche, presque abandonné, déambulent de-ci de-là de pauvres gens courbés par le poids du calvaire enduré pendant ces longues années. Ils s'étonnent de notre présence, il faut les apprivoiser. Olga, qui vient aussi pour la première fois dans cette région très retirée, les aborde avec tact et un grand sourire. Et ils racontent à demi-mot :

— Il y avait des éclairs. J'avais peur. On allait se cacher. J'arrête là. Vous allez me faire mettre en prison avec toutes vos questions !

La vieille femme ajoute :

— Ceux qui parlaient disparaissaient.

Par dizaines de milliers, ces populations ont été irradiées. Le résultat est atterrant. Je visite l'hôpital local où un vieil homme nous présente sa fille. Elle a vingt-deux ans, elle est naine. Hésitant, encore sous le poids du secret, il a besoin de raconter ce qu'ils ont vécu. La traductrice, une fois de plus, le met en confiance, et il explique :

— Ma fille a beaucoup souffert. Elle ne marche que depuis peu et encore, il a fallu l'opérer deux fois.

Comment aurais-je pu savoir ce qui se passait ? Les militaires disaient que c'était sans danger.

Le constat du médecin-chef de l'hôpital de Sargal est sans appel :

— Dans l'ensemble de la région, le nombre des décès par cancer a été multiplié par sept et les aberrations chromosomiques sont quatre fois plus élevées que la moyenne nationale.

Devant un enfant handicapé moteur et mental, il me dit :

— Il y a bien pire. J'ai vu naître un enfant avec un seul œil. Un autre avait trois bras.

Devant notre incrédulité, il nous brandit des photos noir et blanc. Des têtes de monstres. Je sens qu'il me cache autre chose. Après avoir tergiversé avec notre traductrice, il ose enfin et pousse la porte d'un laboratoire vétuste aux étagères poussiéreuses qu'il n'a, par peur peut-être, jamais ouvert aux étrangers. J'ai l'impression d'entrer dans l'atelier de Frankenstein. Autour de nous, des dizaines de bocaux au contenu saisissant : baignant dans un liquide trouble, peut-être du formol, la tête du bébé cyclope ; une main à dix doigts ; un visage sans bouche. Malgré ma curiosité, il est hors de question de filmer. Car mon hôte n'a rien d'un savant fou : en scientifique fidèle au serment d'Hippocrate, il a voulu garder la trace de toutes les monstruosités qu'il a accouchées. En témoignage pour l'Histoire.

Jusqu'en 1963, la machine militaire soviétique a effectué plus de deux cents essais dans l'atmosphère, avant de se résoudre à enterrer ses bombes.

Le médecin poursuit son réquisitoire :

— Après chaque essai, on recevait trois fois plus de malades à l'hôpital. Maintenant, la deuxième génération voit naître encore beaucoup de victimes de ces expérimentations : des enfants aveugles ou sans bras. Beaucoup meurent avant l'âge d'un an.

Les difformités physiques ne sont pas le seul problème, le coût psychologique et psychique est incalculable. Une institutrice me confie :

— On était obligé de se taire, sinon on allait à l'asile. Il y a eu beaucoup de suicides, même chez les écoliers. Dans la tradition kazakhe, ça ne s'était jamais vu. À ne pas pouvoir parler, les gens devenaient fous. Et ce drame continuera encore longtemps.

Au moment de notre reportage, si la protection du Polygone n'est plus rigoureuse, son entrée reste interdite. L'autorité militaire explique qu'il faut une autorisation spéciale de Moscou. Si la perestroïka (reconstruction) et la glasnost (transparence) ont levé une partie du voile, les entrées et les sorties des habitants de Kourtchatov sont systématiquement contrôlées. Le Polygone fait encore peur.

Et après quarante-deux ans d'exploitation, un décret du 29 août 1991 a fermé définitivement le Polygone d'essai de Semipalatinsk-21.

13

Assassinat du juge Falcone

23 mai 1992

Je viens de rentrer d'un reportage sur les émeutes à Los Angeles. Une info me glace : « ils » ont abattu le juge Falcone. Giovanni Falcone, l'incorruptible. L'homme d'une mission. Et je me souviens des rues de Sicile.

Février 1985

Via Nota Bartolo, dans le quartier résidentiel de Palerme, habite l'un des hommes les plus protégés d'Italie. Il vit sous escorte de quatre-vingts policiers qui se relaient jour et nuit auprès de lui. Devant son immeuble, une guérite, des gardes, des projecteurs, des caméras. Trop encombrant pour le voisinage qui a préféré déserter. L'homme de quarante-six ans ainsi protégé est juge d'instruction. Avec quatre ou cinq autres magistrats de sa trempe, il est chargé des dossiers les plus brûlants de la mafia sicilienne.

Chaque matin, il quitte son appartement-forteresse pour monter dans une Alfa Romeo blindée. Le cortège s'ébranle toutes sirènes hurlantes, vitres à demi baissées d'où dépassent les canons des armes.

Deux fois par jour, la ville vit à l'heure du juge.

Paolo San Marco, l'un de ses chauffeurs, me dira plus tard :

— Nous avons des instructions très précises. Aucun obstacle ne doit exister devant nous. La voiture se déplace à vitesse maximale. Quoi qu'il arrive, ne jamais s'arrêter. L'ordre est de tirer sans sommation si quelqu'un s'approche trop près. Personne ne s'y risquerait. C'est l'homme le plus précieux du pays.

Tous ont encore en mémoire que le prédécesseur de Giovanni Falcone, Rocco Chinnici, cinquante-huit ans, est mort à Palerme un matin de juillet 1983 dans une voiture piégée. Lui aussi s'était attaqué à l'« *Onorata Societá* ». Industriels, politiciens, magistrats, chacun est menacé. Et chacun ici a son escorte.

Roch est depuis peu à Beyrouth. Les nouvelles n'étant pas toujours très rassurantes, il me faut combler l'absence et panser ma tristesse. Quand la direction me propose de partir pour la Sicile couvrir le combat de ce juge exceptionnel, je saute sur l'occasion.

Je viens d'arriver à Palerme en repérage, avant que mon équipe me rejoigne. Je ne connais de la mafia rien de plus que ce que j'en ai lu : le mot d'ordre de cette ville, « *Sempre Mafia* » semble y résonner partout, dans les mentalités comme dans les institutions. Pour obtenir un travail, un succès aux examens, un permis de conduire, le pouvoir mafieux s'est substitué depuis des décennies aux défaillances de l'État.

Je sais déjà que le palais de justice est le premier endroit où se renseigner. C'est un bunker, la fouille y est systématique. Je tombe sur l'arrivée spectaculaire des juges, un show avec bouclier d'hommes en armes.

Distraite comme je le suis, j'ai quitté l'hôtel sans papiers d'identité ni carte de presse. J'arrive sur les marches du palais où les gardes sont en pleine discussion. Paolo m'adresse la parole en premier. Avec le peu d'italien que je maîtrise, je lui explique que je suis journaliste et que je veux rencontrer Giovanni Falcone. Il éclate de rire :

— Presse ou pas, personne ne rencontre le juge ! C'est l'homme le plus protégé d'Italie !

En bon Italien, il m'invite quand même à boire un café. Je passe donc les barrages sans avoir à exhiber mes papiers. Intérieurement, je suis morte de rire. Être une femme et sourire, de temps en temps ça sert !

— Vous êtes journaliste pour qui ?

— Pour la première chaîne de télévision française. Les Français admirent le courage de Giovanni Falcone et son entêtement exemplaire face à la mafia. Voilà pourquoi je suis là. Et vous, vous êtes garde du corps ?

— Je suis celui qui conduit le juge au palais tous les matins.

Son regard sur moi est moins rieur, comme s'il prenait ma demande au sérieux.

— Attendez-moi un moment.

Il revient au bout de vingt minutes.

— Suivez-moi !

Sans savoir où je vais, je le suis, dubitative. Vu l'ambiance, impossible que tout soit aussi simple. Et pourtant nous passons facilement le premier contrôle de sécurité. Aïe ! Cette fois, ils vont certainement me demander mes papiers ! Non, juste une fouille, je respire. Puis un deuxième contrôle, et un troisième. Je sens le respect pour Paolo autour de nous. Je commence à comprendre qu'il m'amène chez le juge.

La porte s'ouvre sur une petite pièce. Face à moi, un bureau recouvert d'épais dossiers d'où émerge la tête de Giovanni Falcone, lunettes sur le nez. Il me regarde, se tourne vers Paolo et sourit. Leur complicité m'intrigue. Arriver devant cet homme sans montrer un seul papier ? Est-ce que je rêve ? Certes, avec mon accent français et mes cheveux blonds, je ne suis pas le prototype de la tueuse à gages, mais pourquoi cette confiance aveugle ?

— Alors, vous voulez vous entretenir avec moi ? Vous savez que je vois rarement la presse italienne, encore moins internationale. Dites-moi comment vous voulez aborder ce sujet si complexe.

Je réalise, un peu tard, que je suis face au héros que toute l'Italie honore et que peu de gens voient. Je me sens soudain extrêmement intimidée :

— Je suis là pour Tommaso Buscetta, un tournant historique pour vous et pour l'Italie. Cet homme a trahi l'omerta, la loi du silence. Et c'est vous qui avez convaincu l'un des plus grands mafieux siciliens de vous parler.

— Je vous arrête, c'est lui qui a décidé de parler. Comme vous me faites l'honneur de m'interroger, je peux vous indiquer certains noms qui seront précieux pour votre enquête. Je vais vous recommander auprès d'eux. Je ne peux pas faire plus pour vous, j'en suis désolé. Mon temps est compté.

— J'ai une dernière question. Tous ceux qui vous ont précédé ont été tués. Qu'est-ce qui vous pousse à continuer ?

— Un jour ou l'autre, ils me tueront. J'en prends le risque. C'est mon choix, *la mia vita.*

Cette audience privée a duré cinq minutes, montre en main. L'homme est imposant. On sent derrière le masque professionnel une forme de douceur qui tempère le caractère de cet homme de fer.

À la sortie de ce court entretien, j'interroge Paolo :

— Quelque chose m'échappe. Je n'ai même pas un papier sur moi et je suis passée à tous les contrôles. Si je raconte une histoire aussi folle, qui va me croire ? Moi-même, je n'y crois pas. Pourquoi ?

— Ce matin, le juge m'a confié un rêve qu'il venait de faire, lui qui ne rêve jamais. Il était à Florence, dans un palais. Une femme blonde, avec de longs cheveux qui cachaient sa nudité, lui a tendu la main. Ce rêve l'a marqué, l'a rendu heureux. Vu ce qu'il vit, ce n'est pas si courant. Quand vous êtes apparue, blonde, cheveux au vent sur les marches du palais, la coïncidence était si troublante que j'ai enfreint toutes les règles de sécurité, je me suis dit que vous incarniez la femme du rêve. C'est idiot, non ? J'aime tellement cet homme ! Je vois son sacerdoce, tout ce qu'il sacrifie pour notre pays. La confiance avec vous s'est établie tout de suite et j'ai tout simplement voulu faire plaisir au juge. J'ai réussi, ça l'a bluffé.

— Ah, c'est ça ? Vous, les Italiens, vous êtes impayables !

Le lendemain, mon équipe arrive. Au restaurant où nous dînons, un jeune serveur, Marco, répond volontiers à nos questions.

— La mafia ? Je vous donne un tuyau. Vous allez demain dimanche dans le quartier des bouchers. Et là, vous verrez les plus belles voitures du monde.

Des Porsche, des Mercedes, des 4 x 4 flambant neufs. Pourquoi tout cet argent dans ces rues si pauvres ?

Le lendemain matin, nous y sommes. Marco a dit vrai, on se croirait à Monaco. Les interviews sont brèves.

— La mafia ? Connais pas. Allez à Rome, chez les politiques.

Le juge a tenu parole et nous rencontrons peu après le commissaire Giuseppe Montana. Une opération spéciale est prévue à Ciaculli, un des quartiers de Palerme, fief de *Cosa Nostra* réputé pour abriter les *latitanti*, les mafieux en fuite.

Il y a un an encore, la police n'aurait jamais osé s'y frotter. À présent, dans ces « paisibles vergers », l'État a envoyé ses parachutistes, découvrant une ville souterraine où nous emmène Giuseppe. Ni Hollywood ni Cinecittà ne l'avaient imaginé. Vivait là Michele Greco, qui vient d'être dénoncé par le repenti Tommaso Buscetta comme le grand médiateur de la mafia sicilienne. Tout ici est blindé, portes, fenêtres, cloisons, ce qui donne le temps de s'échapper dans un labyrinthe de galeries. Tous les murs des vergers sont hérissés de pièges, de pics, de tessons. Voilà pourquoi pendant longtemps ces bunkers n'ont été ni détectés ni approchés. Le commissaire explique :

— Le problème ici, c'est que les mafieux sont de vrais rois. Ils ont un pouvoir immense qui commence à se fissurer grâce au travail du juge Falcone et aux témoignages des *pentiti*. Un État dans l'État est en train de se déliter sous nos yeux.

Parfaite illustration de ses dires, au début de notre enquête, nous avons contacté l'ex-maire de Palerme,

Giuseppe Insalaco, pour une interview. La veille de notre rencontre, l'homme, accusé de corruption, a pris la fuite. Il a été assassiné par la mafia en 1988.

Avec mon équipe, nous retournons régulièrement dans notre petit restaurant favori. Depuis plusieurs jours, nous ne voyons plus Marco. Personne ne sait où il est.

Giuseppe Montana, à qui j'en parle, me dit :

— Je suis au courant. Il a disparu parce qu'il était trop bavard. Sans doute victime d'une *lupara bianca*, un « fusil blanc », comme beaucoup d'autres.

— Ça veut dire quoi ?

— Disparu sans laisser d'adresse. Le plus souvent, les corps sont bétonnés dans les murs des immeubles.

Un soir où le commissaire m'emmène dîner en dehors de Palerme, un scooter nous double de près. Instinctivement, je me baisse.

— Vous avez déjà acquis certains réflexes, me dit Giuseppe, un tantinet moqueur. Mais vous regardez trop de films ! Rassurez-vous. Je ne suis pas en haut de la liste des hommes à abattre.

Je quitte Palerme dans l'espoir que tous réussissent la mission à laquelle ils vouent leur vie.

Le dossier auquel Giovanni Falcone s'est attelé est le procès d'une vie, qu'on baptise déjà *maxiprocesso*. Parce qu'un homme, Tommaso Buscetta, « le boss des deux mondes », a brisé la loi du silence, trésor de la mafia le plus sauvagement défendu. En 2019, un grand film, *Le Traître*, de Marco Bellocchio, a raconté cette histoire de règlement de comptes entre deux des plus sanguinaires familles de la Sicile. On y apprend entre autres que Toto Riina, *capo di capi* des Corleone, dit *la Belva* (le fauve), a fait décapiter les deux fils de Buscetta, le mari de sa fille, un de ses frères et son fils, et quatre autres neveux… Et on y suit le procès instruit par le juge Falcone.

Plus de quatre cents *mafiosi* ont été arrêtés en Sicile, ce qui a ébranlé et freiné considérablement l'organisation criminelle sans la vaincre. À preuve, le commissaire Giuseppe Montana, trente-quatre ans, a été assassiné quelques mois après notre rencontre, le 28 juillet 1985.

Comme le sera son ami, le juge Falcone. Malgré tout l'arsenal sécuritaire déployé autour de lui, le 23 mai 1992, à 17 h 58, sur l'autoroute menant de l'aéroport au centre de la capitale sicilienne, Giovanni Brusca déclenche à distance une bombe de cinq cents kilos de TNT dissimulée dans un tunnel de drainage. Imparable. Le juge, sa femme et trois de leurs gardes du corps sont tués instantanément.

Ainsi s'arrête la vie d'un justicier qui se rêvait peut-être en héros, de taille à décapiter l'Hydre à neuf têtes. Jusqu'aujourd'hui, aucun juge n'y est vraiment parvenu.

Giovanni Falcone, pour moi, reste l'une des personnalités les plus héroïques que j'aie eu la chance de rencontrer, même cinq minutes. Un modèle.

14

Putsch à Moscou

3 octobre 1993

Au cœur de Moscou, un char tire sur la « Maison-Blanche », alors siège du Congrès des députés du peuple de Russie. Un passant s'exclame :

— Nous étions si heureux d'être libres, et voilà que le sang coule !

La veille, Patrick Bourrat, correspondant permanent à Moscou pour TF1, m'appelle.

— Il semble bien que ce soit un putsch, je crois que tout va basculer dans les vingt-quatre heures. Je sais que tu es à Saint-Pétersbourg. J'ai vu avec la rédaction, il faudrait que tu prennes dès ce soir la Flèche rouge[1] pour Moscou.

Au petit matin, Sacha, caméraman, m'attend sur le quai.

— Ça bouge beaucoup au Congrès. Patrick est déjà là-bas en train de tourner. Il nous attend.

Sur le terrain, la confusion règne. Après la dislocation de l'URSS en 1991 et le départ de Gorbatchev, Boris Eltsine est devenu président de la Fédération

1. Train de nuit.

de Russie. S'engage alors un bras de fer entre lui et les députés, toujours fidèles à l'ère soviétique. Eltsine multiplie les privatisations (qui produiront les oligarques) et cherche à instaurer une nouvelle Constitution, ce qui provoque une crise de grande ampleur. Au moment où j'arrive, il vient de dissoudre l'Assemblée. Les membres du Congrès qui s'y opposent sont barricadés dans la Maison-Blanche. Et ils ont nommé le vice-président, Alexandre Routskoï, président par intérim.

Sur le chemin, les rues sont calmes. En arrivant aux abords du parlement, nous voyons une épaisse fumée s'échapper du bâtiment partiellement détruit sur plusieurs étages. Des tanks et des mitrailleuses lourdes de l'armée régulière russe tirent sans discontinuer. Sur quoi ? On ne sait pas. Des snipers abattent des soldats et des passants. L'état d'urgence est décrété. Il y aurait beaucoup de morts et de blessés à l'intérieur, où se trouve Patrick, comme d'autres journalistes qui ont suivi les putschistes.

Décontenancée, je me demande où tous ces combats vont mener. Sacha, qui essaie lui aussi de comprendre la situation, me donne des informations sporadiques et contradictoires. Je dis à Sacha :

— Filme tout ce que tu peux. Mais fais très attention. Pas de risques inutiles !

Les forces de sécurité semblent avoir pris le dessus sur les putschistes, qui sortent les mains sur la tête. Patrick sort avec eux. Et soudain tout se précipite.

— Marine, il y a beaucoup de manifestants qui veulent s'emparer du siège de la télévision russe, Ostankino. Quand on tient les médias, on tient le pays…

— On les suit ? Toi devant avec ton équipe, moi un peu en arrière avec Sacha ?

— Faites gaffe ! C'est une guerre civile et tout peut arriver !

Le hasard fait que quelques semaines auparavant, avec le GIGN, j'ai suivi un stage d'autodéfense et appris quelques gestes essentiels pour se protéger dans un environnement dangereux. Mais si j'ai déjà couvert quelques manifestations violentes à Paris, je ne me sens pas très rassurée parmi cette foule déchaînée.

Patrick Bourrat et Yvan Skopan, son fidèle caméraman, foncent en première ligne avec les putschistes qui font face aux forces spéciales du ministère de l'Intérieur. Protégée avec Sacha par le camion qui s'avance et commence à enfoncer les grandes portes vitrées d'Ostankino, je vois Yvan au milieu des putschistes. Patrick est en retrait, mais aussi à découvert. Sacha me dit :

— Surtout, ne bouge pas. Reste là. Ces types sont dangereux. Ce sont des Omon (abréviation de « détachement mobile à vocation particulière ») et ils font partie d'une unité de combat très violente.

Il a à peine dit ces mots qu'un déluge de mitraille s'abat dans tous les sens et je vois tous ceux qui m'entourent tomber l'un après l'autre. Je reconnais Rory Peck, de la BBC, un grand reporter très aguerri, à son long manteau et sa petite caméra au poing. Je pense qu'il se protège en se couchant par terre. J'apprendrai plus tard qu'il est mort. Tout va très vite. Je cherche Yvan et Patrick. Ils sont à droite du camion, eux aussi à terre. Les tirs cessent. Patrick m'aperçoit et me crie :

— Marine, je suis blessé ! Yvan aussi !

Je suis terrorisée. Tous ces gens qui hurlent. Des morts, des blessés tout autour du camion. Je vois Yvan, face contre terre, inerte. Je vais vers Patrick pour l'aider, tout en me protégeant le long du camion. Patrick, professionnel en toutes circonstances, pousse la caméra vers moi.

— Prends-la et fonce au bureau ! Ne t'inquiète pas pour nous.

J'attrape la caméra et je rentre au bureau. Je découvre avec effroi les dernières images tournées par Yvan : les forces spéciales qui le pointent derrière les portes vitrées, puis le bruit des tirs, tout se brouille, écran noir, je devine la caméra qui tombe. Il commente chaque balle. Je ressens ses blessures, je sais que c'est grave. Je suis effondrée mais je dois tenir. Sacha, qui monte ce reportage sans défaillir, me donne la force de continuer :

— Par loyauté envers Yvan et Patrick qui ont tout risqué pour ces images, on doit envoyer le sujet à l'heure.

Nous sommes à dix minutes de l'ouverture du journal à Paris. La scène de guerre en plein Moscou est irréelle. Je ne mentionne ni les blessures d'Yvan, ni celles de Patrick, par égard pour leurs familles qui ignorent encore ce qui vient de se passer. Le sujet parvient à Paris en temps et en heure, mais il ne sera pas diffusé. Une rédactrice en chef, très loin du terrain, en a décidé autrement. Sans même me contacter, elle passe un sujet préparé par la rédaction sur des images venues d'ailleurs, sans grand intérêt. Ce manque de respect achève de me bouleverser.

L'appartement de Patrick est juste à côté du bureau. Je retrouve sa femme, Martine, et leur fille,

Marie-Valentine. Elles sont en rapport avec l'ambassade de France. Personne ne sait où Yvan et Patrick ont été emmenés. Les hôpitaux débordent.

Dans mon angoisse me revient tout un passé, ma rencontre avec Patrick et nos débuts à TF1. Au fil des années, il est devenu comme un frère, un frère d'armes. Ma confiance en lui est totale. Il connaît mes secrets et moi les siens. C'est un homme sensible et entier, un professionnel hors pair. Patrick et moi avons le même tempérament, la même curiosité insatiable, la même force de travail et vivions le même drame intime. À l'époque, il n'arrivait pas à avoir d'enfant, sa femme souffrait de la même maladie que moi.

Cette nuit-là, je regarde avec tendresse Marie-Valentine, l'enfant tant attendue. Il en est si fier ! J'espère que sa blessure n'est pas grave. Depuis qu'il est en poste à Moscou, je viens régulièrement le remplacer, et à chaque fois, c'est la fête, souvent avec Yvan. Le caviar est bon marché en Russie, la vodka aussi, et ces soirées sont si joyeuses. L'âme slave nous transporte dans la mélancolie et la démesure. Comment imaginer qu'un jour se produise un tel carnage à Moscou ?

À l'époque, pas d'Internet, pas de portable, nous passons toutes les trois la nuit près du téléphone. Nous attendrons le petit jour pour avoir enfin des nouvelles de l'ambassade. Patrick a reçu une balle dans le bras, rien de grave. Pour Yvan, le pronostic vital est engagé. Je le savais déjà. Il a été opéré dans la nuit mais doit être rapatrié en urgence à Paris. Il mourra durant le transfert.

Le bilan de ce coup d'État avorté est lourd : cent cinquante morts au moins, près de cinq cents blessés. La cassette d'Yvan, jamais diffusée, a longtemps dormi dans un coffre de TF1.

Quelques mois plus tard, Patrick adresse une lettre au DRH de TF1, dont il m'envoie une copie. Comme moi, il a été outré que ses images tournées avec Yvan Skopan ne soient jamais passées au journal de 20 h. J'en ai retenu deux extraits :

Moscou, le 6 avril 1994

Ce qui fait la grandeur et aussi la servitude du métier de reporter, c'est son engagement total pour son travail jusqu'à l'ultime sacrifice, souvent par passion. [...]

Si vous reprenez le conducteur du Journal de 20 heures du 3 octobre, ne soyez pas surpris de ne pas y voir figurer un reportage de Marine JACQUEMIN, la rédactrice en chef a décidé de supprimer son sujet parce que, je cite, « il n'y avait pas assez de tirs et d'explosions dans les images d'Yvan SKOPAN. » Un sujet commenté de Paris sur des images d'agence a été diffusé ce soir-là. Avouez que notre métier est ingrat !

15

Mitterrand : derniers voyages

Été 1991

Un dimanche soir comme un autre, je suis attendue au dîner de mon amie Danièle Burguburu. Elle me pardonne une demi-heure de retard, on se connaît depuis longtemps.

La porte s'ouvre et me voilà, stupéfaite, face au président de la République.

— Ah enfin ! Je vous rencontre ! Il m'aura fallu du temps !

Je reste sans voix.

Depuis la première guerre du Golfe, où j'apparais souvent à l'antenne de TF1, mon amie me confie que François Mitterrand souhaite me rencontrer. Danièle Burguburu, secrétaire générale du Conseil supérieur de la magistrature, le connaît bien. Elle habite la maison mitoyenne de celle du président, rue de Bièvre. Surprise par cette demande qui m'amuse, j'en parle un soir à mes parents. Mon père, inconditionnel du général de Gaulle, est catégorique :

— Je t'interdis de rencontrer cet odieux personnage !

Et ce soir-là François Mitterrand me prend la main et m'entraîne dans le salon. Stupeur. Je souris intérieurement – pardon, papa ! Notre long dialogue commence sur deux tabourets devant un feu de cheminée.

— Je voulais vous connaître, chère Marine, j'admire votre travail.

Cette rencontre sera suivie de bien d'autres. J'intègre le cercle de la famille Mitterrand, comme les dîners du dimanche soir chez les Burguburu.

Le président est gourmand. Et j'en profite. Il a ses restaurants favoris, comme l'Assiette, aussi appelé « chez Lulu ». La Lulu en question, originaire du Pays basque, nous accueille, béret bien enfoncé sur la tête, cigarette au bec et gouaille du Sud-Ouest :

— Et alors, vous l'avez aimé, mon poisson, président ? Un aller-retour avec des haricots verts de saison. Ma cuisine, c'est celle du marché.

L'un de ses invités préférés est Roland Dumas, ministre des Affaires étrangères. Je saisis l'opportunité d'interroger celui-ci sur les zones que je couvre. J'ai déjà pas mal baroudé. Sans trahir le « secret défense », il me donne quelques clés de compréhension et des contacts précieux.

Dans la salle, c'est à peine si les clients nous prêtent attention. Je me sens à l'aise, comme avec des copains. Je suis jeune, je ne réalise pas vraiment ma chance de journaliste d'être au cœur du pouvoir. La simplicité de nos rapports me semble presque normale.

Le président m'appelle souvent à la maison le matin, comme pour prendre la température de la journée. Roch répond régulièrement et s'amuse de son pseudonyme, tant sa voix est reconnaissable :

— Marine, encore Monsieur Lorrain pour toi !

Roch vit ma proximité avec le président de la République avec distance et dérision. Un seul détail l'intrigue : pourquoi Monsieur Lorrain ?

Un jour, au bureau de Londres, me parvient la conversation d'une secrétaire, au téléphone :

— Ah oui ! Vous êtes le président de la République française ? Et moi je suis la reine d'Angleterre ! Vous l'imitez bien, le vieux !

Et elle m'interpelle :

— Marine ! Il y a un connard qui se fait passer pour François Mitterrand ! Tu le prends ou je raccroche ?

Je prends.

— Eh bien, Marine, elle a du tempérament, cette jeune femme !

Je découvre l'humour de François Mitterrand. Il aime aussi l'autodérision : sa grenouille au *Bébête Show* de TF1 l'amuse énormément.

Je suis grand reporter de politique étrangère, il est président de la République. Il a le recul que je n'ai pas. Le recul de l'Histoire, de la fonction, de l'âge. Il pourrait être mon père. Avec lui, je découvre les dessous de la politique française.

Lors de son second mandat, il trie pendant quelques jours une partie de sa bibliothèque personnelle à l'Élysée. J'ai le privilège qu'il m'invite pour me parler de ses auteurs préférés. J'entre avec lui dans *Une chambre à soi*, de Virginia Woolf, je l'accompagne pour une traversée d'un quart de siècle avec Aragon et ses *Voyageurs de l'impériale*, je suis *Les Destinées sentimentales* de Jacques Chardonne, je plonge dans la folie des hommes avec *L'Étranger*, de Camus. Il me conseille aussi certaines lectures

« de droite » : Barrès, Brasillach, Drieu la Rochelle. À chaque rencontre, je me dis que ce sera peut-être la dernière. Au fond, qu'est-ce qui le rattache à moi, lui si cultivé, si entouré, tant aimé ? Peut-être sa soif de l'ailleurs ?

Je ne suis pas souvent en France. Je parcours des pays qu'il n'a jamais connus. Il fait parfois l'effort, alors qu'il est fatigué, de m'appeler en dépit des fuseaux horaires pour que je lui raconte ma vie de nomade.

— Où dors-tu ? Que manges-tu ? Tu as peur ?

Des questions qu'il aurait pu poser à l'un de ses enfants en voyage. Malgré l'étendue de ses connaissances, pour quelqu'un de sa génération, comme pour mes parents, les pays de l'ex-URSS restent fascinants. Ce que le rideau de fer a caché toute sa vie, soudain j'y ai accès. Ça l'interroge.

Il a une obsession : l'Asie centrale. Son désir est d'aller à Samarcande et Boukhara, en Ouzbékistan, cités mythiques sur la route de la soie. Dans ces royaumes oubliés et soviétisés qui s'ouvrent au capitalisme, le président veut que la France soit en première ligne. Il organise deux voyages pour les grands chefs d'entreprise français, dont l'un au Turkménistan, réputé pour ses réserves naturelles en gaz. Anecdote désormais bien connue, Saparmurat Nyýazow, président autocratique de cette nouvelle république, lui offre un akhal-teke, l'un des plus beaux et des plus chers chevaux au monde, qui rejoindra les écuries de Clairbois, à Rambouillet.

François Mitterrand rencontre aussi à plusieurs reprises le dirigeant autoritaire du Kazakhstan Noursoultan Nazarbaïev. Je suis de l'un de ces voyages.

Le président kazakh invite ses hôtes à déjeuner sous une yourte.

Au menu, un méchoui de mouton avec sa pièce maîtresse, les yeux, offrande de bienvenue selon les rites locaux de l'hospitalité. Le président a souhaité que je sois assise à ses côtés. Face à ces yeux qui nous regardent, le président me dit :

— Marine, tu vas vraiment avaler ça ?

— Nous sommes obligés, monsieur le président. Et vous ?

Je le vois porter l'œil à sa bouche. À la manière d'un magicien, il referme la main, et jette discrètement le globe dans un pot de fleurs voisin. Moi, comme une gourde, je l'ai déjà croqué à pleines dents.

Août 1995

Son dernier été. Faut-il qu'il me fasse suffisamment confiance pour accepter, à la demande de Guillaume Durand pour *LMI*, le magazine de l'info de TF1, de m'admettre avec mon équipe dans son havre de paix, à Latche, sa maison landaise nichée dans les forêts de pins ? L'équation pour moi n'est pas simple. Il a promis sa dernière interview à Jean-Pierre Elkabbach, que je ne trahirai pas. Et puis, la pudeur et la discrétion m'empêchent de montrer certaines images d'un président au visage ravagé par la souffrance.

Avec Danielle pour complice, je rejoins la bergerie familiale. Durant ce tournage, François Mitterrand me demande tous les matins de prendre le petit déjeuner avec lui dans sa tanière, une grange aménagée. Robbie, un surfeur australien, ami de sa petite-fille

Pascale, lui apporte chaque matin un jus d'herbe de blé.

— *If I had cancer, I would eat less and drink this juice three times a day !* (« Si j'avais un cancer, je mangerais moins et je boirais ce jus trois fois par jour »), prescrit-il.

Cela amuse le président. Sans croire une seconde que cette mixture va le ressusciter, il boit la potion magique en faisant la grimace. Cela le change des gélules du docteur Tarot, son médecin accompagnateur.

À Latche, Roger Hanin, comédien et beau-frère, fait le clown durant tous les repas en famille. Le président s'étouffe de rire à chacune de ses blagues. Ce que je retiens de cet été-là, ce sont ces moments joyeux, d'une grande douceur, beaucoup d'amour distillé par chacun pour aider le malade à affronter les mois à venir.

Octobre 1995

Dernier voyage de François Mitterrand. Je suis invitée à le suivre avec une équipe de TF1 pour les retrouvailles des artisans de la fin de la guerre froide. À Colorado Springs, le président des États-Unis George Bush père réunit l'ex-Premier ministre du Canada Brian Mulroney, l'ex-Première ministre du Royaume-Uni Margaret Thatcher, l'ex-président de l'URSS Mikhaïl Gorbatchev et l'ex-président français.

La veille du départ, je reçois de lui un appel :

— Alors, es-tu prête pour demain matin ? Le voyage va être long jusqu'au Colorado.

— Oui, tout va bien, monsieur le président.

En fait, rien ne va. Je suis souvent distraite, et là je me maudis : j'ai totalement oublié ce déplacement. Déconfite, je cours vers le bureau de Gérard Carreyrou, en train de visionner le *Journal de 20 heures* avec les pontes Charles Villeneuve et Robert Namias. Quand je leur raconte ma légère bévue, ils sont pris d'un fou rire qui résonne encore à mes oreilles.

— Mais enfin, Marine, c'est une blague ? Le président te propose de partir avec lui. Ce sera son dernier voyage, et tu oublies ?

— Ben oui, je suis désolée, je suis en décalage horaire, et je ne fais pas de politique intérieure... Vous pensez que je vais encore trouver trois places dans le Concorde de demain matin ?

Le voyage sera pénible pour le président très malade. Il fait face avec un grand courage et le docteur Tarot l'accompagne partout. Le lendemain, il ose une courte promenade au bord du lac. Fatigué, il remonte dans sa chambre. Conscient de son devoir de mémoire, malgré la douleur, il participe au déjeuner des présidents. Au menu, les réflexions des cinq dirigeants à propos de ce monde qu'ils ont contribué ensemble à pacifier. Sur l'estrade où il prend la parole, François Mitterrand présente sa vision des aspirations du XXIe siècle. Parmi lesquelles :

— Pourrons-nous, dans les années à venir, dessiner les droits des minorités permettant à chacun de vivre à sa façon ?

— Tout ce qui est mouvement populaire finit par l'emporter sur les prévisionnistes les plus qualifiés.

À l'approche de sa mort, il n'a perdu ni le goût de l'actualité ni ses qualités de visionnaire.

Je me souviens encore du plus improbable des cadeaux que m'aient faits François et Danielle : m'inviter à rencontrer les Gorbatchev au palais de l'Élysée en 1993. Je perçois entre les deux couples un rapport d'affection, d'amitié, une complicité insoupçonnée. Je reverrai plus tard avec un immense plaisir Raïssa et Mikhaïl dans leur datcha lors d'une de mes nombreuses missions au bureau de Moscou. Ils ne sont plus au pouvoir et me reçoivent avec simplicité. Il faut se souvenir que Gorbatchev a été un jeune paysan du Nord-Caucase avant de se hisser parmi les grands de ce monde. Raïssa est une femme très cultivée. Ils se sont rencontrés sur les bancs de l'université, ils ont été pauvres et cela se sent malgré leur passage par la fonction suprême. J'aime cette chaleur des gens qui ont souffert et qui n'ont pas oublié. Leur vie est un roman et leurs regards respirent l'amour. Je revois mes parents.

Danielle Mitterrand est très admirative du couple. Nous en parlons beaucoup en février 1996, peu après la mort de son mari, lorsque je l'interviewe à l'occasion de la sortie de son livre *En toutes libertés*. Elle se confie sur sa relation conjugale libre avec François, loin d'être depuis longtemps sans amour comme certains l'ont prétendu. Peu lui importe le jugement des autres sur leur couple prétendument « atypique ». L'essentiel, comme elle me le dit pendant notre entretien, est que leurs « liens sont indéchirables. » Ce n'est pas « une vie mal conduite », mais une vie sans œillères. Avec Danielle, j'entretiens une vraie relation d'amitié. Elle a tout de suite compris et accepté mes longs dialogues sans ambiguïté avec son mari, lorsque nous parlions de l'état du monde tel que je le vivais sur le terrain. Elle appréciait de se joindre à nous quand elle le pouvait.

Le président a peur de la mort. Il me dit un jour :

— Lorsque je me regarde dans le miroir, je vois un vieil homme malade. Mon corps se dégrade jour après jour. Mais lorsque je m'introspecte, j'ai vingt ans dans ma tête. Rien n'a changé. Je ne m'y fais pas.

J'ai plus de quarante ans et c'est la première fois que j'approche une personne frappée par ce mal que tout le monde craint. À ce stade, il se sait condamné. La mort le guette. Une inquiétude qu'il partage avec des philosophes, des gens de foi et d'autres. Si je suis profondément attentive à ses paroles, je me sens impuissante à répondre à ce grand homme qui flanche. Je comprends sa détresse, mais c'est le président qui s'adresse à moi.

— Comment fais-tu, toi qui vois la mort de si près ? Comment la vis-tu sur ces terrains si risqués ?

— Je m'accorde avec elle. Mes yeux ont tout vu. Le pire, l'insupportable, l'effroyable.

Je lui explique que sur le terrain je me dédouble. L'une qui pourrait s'effondrer, l'autre qui ne le peut pas. Dans mon métier, face à la souffrance d'autrui, je me dois de rester simplement digne. Est-ce que j'ai peur de mourir ?

— Non, pas vraiment. Bien d'autres peurs me hantent. Celle d'être kidnappée, d'être torturée ou violée, de rester handicapée.

Dans ces moments de désarroi, je réalise que le président cherche en moi la vie plus que la mort.

Sa jeunesse, en fait. Marie de Hennezel, psychologue, l'a longtemps accompagné dans son questionnement sur l'après et l'éventuel au-delà. Dans son livre *Croire aux forces de l'esprit*, elle révèle qu'il l'appelait son « ange de vie ». Elle l'a magnifiquement accompagné vers sa sortie de scène. Sans avoir son écoute, j'ai la conviction d'avoir fait partie des personnes qu'il interrogeait en permanence, comme pour se convaincre que la mort n'est peut-être qu'un passage.

François Mitterrand s'est éteint le 8 janvier 1996. Je couvre ses obsèques au cimetière de Jarnac. Au moment où je me recueille sur sa tombe, un nom m'apparaît : il était né de Jeanne Lorrain. Je souris à ce clin d'œil. Son pseudonyme mystérieux n'était que la marque de sa filiation.

16

Génocide au Rwanda

Avril 1994

*G*ÉNOCIDE*. Nom masculin. Crime contre l'humanité tendant à la destruction totale ou partielle d'un groupe national, ethnique, racial ou religieux ; sont qualifiés de génocide les atteintes volontaires à la vie, à l'intégrité physique ou psychique, la soumission à des conditions d'existence mettant en péril la vie du groupe, les entraves aux naissances et les transferts forcés d'enfants qui visent à un tel but.*

C'est la définition du *Larousse*. Selon Wikipédia, l'ONU reconnaît à ce jour trois génocides : celui des Arméniens en 1915-1916 par l'Empire ottoman, celui des Juifs par les nazis entre 1941 et 1945 et celui des Tutsis par le pouvoir hutu au Rwanda, en 1994.

Le monde a mis du temps à comprendre ce qui se jouait dans ce petit pays pas plus grand que la Bretagne. Le 6 avril 1994, le crash du jet présidentiel rwandais a tué Habyarimana, chef de l'État hutu, et le président du Burundi voisin. L'attentat, commis par des tirs de missile, embrase le pays et donne le signal du massacre de la population tutsie par les extrémistes et le gouvernement hutus.

Le Rwanda occupe de plus en plus les journaux télévisés. Au fil des semaines, les tueries dépassent de loin les affrontements interethniques qui agitent cette région par intermittence. Effarée par les images effroyables que nous recevons à longueur de journée, la rédaction m'envoie enfin, mi-mai, couvrir ce conflit hors de toute norme.

Premier casse-tête : comment arriver à Kigali ? Tous les journalistes passent par le nord et restent bloqués à la frontière. Un de mes amis spécialistes de l'Afrique au Quai d'Orsay me dit :

— Passe au sud, par le Burundi. Tu as plus de chances qu'ils te laissent entrer.

Nous arrivons tard le soir à Bujumbura, la capitale du Burundi, le pays voisin. Avec mon équipe, nous rencontrons Stephen Smith dans le lobby de notre hôtel. Pointure de la presse écrite (*Libération*, *Le Monde*), c'est un spécialiste incontesté du continent africain. C'est ma chance.

— Stephen, si tu es là, je suis rassurée. J'avais peur que la frontière vers le Rwanda ne soit pas ouverte.

— Je pars demain matin à 7 heures. Si vous voulez me suivre, trouvez une voiture. Et des vivres, il n'y a rien à manger là-bas. Prenez surtout de l'eau. Il est minuit, tu as sept heures pour trouver tout ça. Bon courage.

Je repère au bar de l'hôtel un grand blond baraqué mal rasé. Il boit de l'eau, il est calme. Une gueule de baroudeur version Hollywood. Un mercenaire ? Il pourrait faire l'affaire, je le sens.

— Bonsoir, nous sommes journalistes. Vous avez une voiture ? Nous avons sept heures montre en main pour en trouver une, un chauffeur, de quoi manger et boire pour aller au Rwanda. Vous auriez une idée ?

— Je vais réfléchir.

— Pas le temps. J'ai rendez-vous demain matin avec un confrère. Départ à 7 heures, possible pour vous ? Oui ou non ?

Il éclate de rire.

— Vous êtes directe ! Vous ne perdez pas de temps ! D'accord ! Défi accepté !

Je suis stupéfaite. J'ai tenté le tout pour le tout. Bingo ! Comme quoi, le flair a du bon !

Sept heures. Hans (il est allemand) est là et nous fait l'état des lieux. Rien ne manque. D'énormes saucissons gras d'un rouge écarlate, du pain noir, quelques barres vitaminées et des quantités de bière qui occupent la moitié du coffre. La fête de la bière à Kigali ?

J'ose lui dire :

— Pas un légume ? Pas un fruit ? Et les bouteilles d'eau ?

— *Schätzchen*[1], allez trouver mieux entre minuit et 7 heures du matin ! Rassurez-vous, j'ai deux flingues.

Je sens que nous allons bien nous entendre avec Hans. Important dans le contexte difficile qui nous attend. Pour les armes, je suis réservée, je les ai toujours évitées. Je ne dis rien, c'est son droit. Il connaît mieux ce terrain que nous. Stephen Smith le toise de haut en bas et me lance un sourire complice.

1. « Ma chérie ».

La frontière s'ouvre. Sur la route, un premier barrage. Puis un deuxième. Et quelques autres. À chaque fois, quelques corps sans vie sur le bas-côté. Visions d'horreur. Les premières d'une longue série à venir dans les jours qui suivent. Nous arrivons à Kabgayi, à quarante kilomètres de Kigali. Je me pose tout de suite la question : où dormir sous cette pluie glaciale ? Nous suivons la voiture de Stephen. Il a la réponse : la mission des frères franciscains de la Sainte-Croix, qui acceptent de nous accueillir pour la nuit dans leurs cellules monacales. Une aubaine divine.

En posant mon sac à dos sur le lit, je suis attirée par un bruit bizarre à l'extérieur. Des murmures étouffés, des râles. Les fenêtres ouvrent sur une des scènes les plus insoutenables qu'il m'ait été donné de voir. Un magma de corps entrelacés. L'enfer de Dante. Des êtres décharnés, assis à même la boue, sans autre protection que de minces cartons détrempés. Comment rapporter l'indicible ? Les images que Thierry Froissard filme n'ont pas besoin de mes mots. Elles parlent d'elles-mêmes. La détresse se lit partout.

Ils sont là par milliers, en guenilles. Mon cerveau refuse d'imprimer ce que mes yeux voient. Un camp de réfugiés comme celui-là, je n'en ai encore jamais vu. Certains ont si froid qu'ils dorment debout, les yeux mi-clos, recroquevillés par la peur, toujours aux aguets. Je regarde ce lieu peuplé d'humains, et pas le moindre signe d'humanité.

Toutes les ONG ont déserté le Rwanda, tant le danger se rapproche pour leur personnel. Le dernier à rester, Alaane, chef de mission de la Croix-Rouge, est le seul à s'occuper de ces milliers de malheureux :

— Je suis totalement débordé par l'ampleur des déplacements et par le désastre de la situation sanitaire. Et j'en ai déjà vu beaucoup. Je n'ai rien à leur donner, que du maïs. Une ration tous les trois jours. Ce qui est terrible, c'est que ça leur donne des diarrhées sanglantes. Je n'ai pas d'autre choix.

Dans le camp, je fais une découverte pestilentielle : des latrines géantes creusées à même le sol et qui s'étendent à perte de vue. L'air est irrespirable. Je vomis comme jamais.

Ils me regardent, presque mourants. Leurs yeux fixes me supplient. Comment leur faire comprendre que je suis impuissante ? Ils voient en nous des Occidentaux, des Blancs bien portants, chaudement habillés, avec un toit sur la tête. Eux fuient la mort à pied depuis des semaines.

Un jeune homme essaie de nous parler, mais c'est risqué. Augustin est étudiant. Il se cache des militaires qui nous surveillent en s'accroupissant au milieu de ses copains.

— Nous sommes en danger de mort. Chaque jour, on perd cinq, six, dix personnes. Tous des jeunes comme nous. Ils les tuent. Je connais la France, j'ai fait un stage là-bas en 1990. Je connais vos médias, j'ai étudié l'économie. Si vous pouviez expliquer la tragédie que vit notre pays pour qu'on puisse nous envoyer des militaires, des vrais…

Et toujours la même croyance, la même foi, à laquelle nous nous confrontons douloureusement sur tous les lieux que nous traversons :

— Vous êtes les seuls à pouvoir nous sauver.

Dans cette marée humaine, un voile blanc immaculé se détache, une lueur d'espoir. Elle s'appelle sœur Bernadette. Belle comme une madone, elle a trente ans. Elle essaie de protéger le plus possible les femmes et les enfants, qui ne sont pas épargnés.

— Vous-même, vous êtes tutsie, ma sœur. Vous n'avez pas peur ?

— Est-ce que je peux dire que je n'ai pas peur ? J'ai un peu peur, mais je dépasse ma peur.

Ce soir-là, nous rencontrons l'évêque et quelques prêtres désespérés. Ils savent que rester peut les condamner. Leur foi leur interdit d'abandonner ces enfants de Dieu :

— Un siècle de travail anéanti en deux mois. Il y a ici entre dix et quinze mille Tutsis condamnés à mourir. Nous recevons des appels au secours de toute la population qui nous dit que des milliers d'autres ont déjà été massacrés. C'est le sommet de l'horreur. Je n'aurais jamais cru assister à un génocide en direct.

Ils seront assassinés dix jours après notre départ.

La nuit tombe. Le camp plongé dans l'obscurité résonne de quintes de toux rauques, en écho à la pluie qui ne cesse de tomber. Les milices Interahamwe, les extrémistes hutus, déboulent comme des bêtes féroces, en courant, leurs machettes à la main. Ils sont assoiffés de sang, ils n'ont que le meurtre en tête. Quand ils ne kidnappent ou ne violent pas, ils décapitent sur place.

Au petit matin, sœur Bernadette arrive avec un bébé dans les bras.

— Pouvez-vous le sauver ? Sa maman est morte. Ici, il n'a aucune chance. S'il vous plaît.

Dans le regard vitreux de l'enfant, je vois que la mort est déjà passée. Je me tourne vers Bernadette. Elle comprend et baisse les yeux. Je suis bouleversée de la laisser à sa souffrance. À ce moment-là, je n'ai pas le droit de penser à la mienne. Il faut tenir, j'ai une mission. Avec mon équipe, nous sommes là de passage. Avec l'idée que nos micros tendus donnent une voix à ces populations dévastées.

C'est toujours la même histoire dans ma tête : à chaque fois que je dois partir, le même déchirement d'avoir à tourner le dos. Quitter les gens, les laisser à leur propre sort. Cet abandon hante mes cauchemars.

Un jour, j'outrepasserai la règle qui ronge mes nuits d'insomnies. Un jour, je m'impliquerai.

Le chemin vers Kigali nous réserve son lot et son flot de fantômes.

Ils sont des dizaines et des dizaines de milliers à perte de vue. La route n'est qu'un long ruban grouillant sur des kilomètres. L'exode, cette fois, est massif. Notre véhicule a du mal à se frayer un chemin. Hans s'énerve. Nous croisons tout un pays en marche sur cette route qui conduit à Kigali. Nous recueillons quelques témoignages, parfois agressifs. Ce sont des Hutus, désormais, qui fuient la capitale. Une femme, très remontée, nous attaque :

— Tout ce qui se passe, c'est la faute des journalistes. Vous parlez toujours positivement des Tutsis et vous accusez les Hutus. C'est nous qui sommes massacrés. La ville est pilonnée par les Tutsis. Ils fusillent tout ce qui bouge.

J'ose dire :

— Mais le génocide, ce sont les Hutus qui l'ont commis. On parle de deux cent mille à cinq cent mille morts.

Un homme s'énerve :

— D'où viennent ces chiffres ? Comment voulez-vous qu'il y ait un recensement ? C'est de l'intoxication, de la propagande.

C'est dans des moments pareils qu'il est difficile de répondre à chaud sur les faits. Évidemment, nous allons croiser tout au cours de cette montée vers Kigali des milliers de victimes. Où est la vérité ? Qui croire ? À qui se fier ? Les faux charniers de Timisoara, en 1989, en Roumanie, sont toujours ancrés dans nos têtes.

Les témoignages parlent des combats de ces derniers jours, mais surtout de la peur que provoque l'avancée des troupes du FPR, le Front patriotique rwandais. Il y aurait de nouveaux massacres, cette fois commis par les Tutsis. Nous ne pouvons pas vérifier puisque nous sommes en zone gouvernementale hutue, mais quelques témoignages confirment ce que disait cette femme en colère. L'ampleur des « contre-massacres » qui seraient en cours nous échappe encore.

Une dizaine de kilomètres nous sépare du centre de Kigali. La tension monte. La route à l'entrée de la ville est totalement déserte. Peu de journalistes l'ont empruntée, elle est fortement déconseillée. Nous fonçons pied au plancher. Les rebelles FPR sont sur les collines qui nous entourent et peuvent tirer à tout moment. La ville est coupée en deux. D'un côté, les Hutus, de l'autre, les Tutsis. Pour bien comprendre : l'arme du meurtre chez les Hutus, c'est la machette. Celle des Tutsis, ce seraient les balles.

À ce moment-là, nous découvrons le principal obstacle à notre progression : des barrages, partout. Des miliciens hutus incontrôlables, défoncés à mort.

Dans leurs mains et autour de leur taille, machettes et grenades, sales armes qui ont commis ces dernières semaines tant d'atrocités.

Nous sommes arrêtés à tous les carrefours. L'angoisse monte. Dans cette tension, il suffit d'un rien pour que tout dérape. Les miliciens sont tous très jeunes. La folie et la haine habitent leurs yeux. Ils ont aussi récupéré des armes. Savent-ils au moins s'en servir ? Mon équipe à l'arrière est menacée par des machettes.

— Restez cool, nous dit Hans.

Facile à dire, quand des gamins pointent plusieurs fois le canon de leur flingue sur ma tempe. Roulette russe au Rwanda. J'espère que mes parents ne vont pas regarder la télé ce soir. Qu'est-ce que je fais là ? Respirer. C'est mon mantra. Je ne suis pas là. C'est un mauvais rêve. Respirer.

Les jeunes hurlent.

— Êtes-vous belges ou français ? C'est la question qui revient à chaque barrage.

Ils veulent la peau des Belges, leurs anciens colonisateurs. Notre passeport français est notre assurance-vie. Les Hutus se disent nos amis, j'entreverrai plus tard les bas-fonds de cette *amitié*.

En atteignant le cœur de Kigali, nous passons la frontière côté Tutsi. Hormis les hommes de la Minuar, la force de maintien de la paix de l'ONU menée par le général Roméo Dallaire, pas âme qui vive. Des rues vides où beaucoup de cadavres gisent encore sur les trottoirs dès que l'on s'éloigne de l'artère principale. Nous nous arrêtons devant quelques maisons. À l'intérieur, des morts encore et toujours.

Un point de rupture dans ma tête. Trop. Trop d'absurdité sanglante. Voir une femme avec un bébé dans le dos décapiter une autre femme avec un autre bébé dans le dos… Tutsi ? Hutu ? Plus rien n'a de sens. Je me sens engloutie, en perdition. Comment rentrer avec le sourire et se taire ? « Mettre la plume dans la plaie », conseillait Albert Londres. Nous l'avons enfoncée jusqu'à la garde dans l'horreur. Nous avons volé à ces gens leur détresse, leurs larmes, leurs morts. À quoi sert donc notre métier ? Grâce aux reporters, le monde a su, mais n'a rien fait. Nous, reporters, savions, je savais, et nous n'avons rien pu faire.

Je rentre à Paris, hagarde. Je fais quelques plateaux au *13 heures* comme au *20 heures* pour raconter ce que nous avons vécu. Un génocide en direct.

Le président Mitterrand m'appelle aussi : il veut connaître dans le détail les situations auxquelles nous avons dû faire face. Je le retrouve autour d'une table au palais de l'Élysée avec sa garde rapprochée. Les questions sont directes :

— Qu'est-ce qui vous fait dire qu'il s'agit d'un génocide ?

Je raconte par le menu tout ce que nous avons fait et vu. L'entretien dure une petite demi-heure. J'en sors satisfaite de l'intérêt que le pouvoir porte à ce conflit : témoigner devant le président au retour du terrain n'est pas chose courante. J'attends de voir si mon témoignage sera entendu.

Quelle n'est pas ma surprise de lire dans les semaines qui suivent que la France est en accusation. Elle livrerait des armes aux Hutus, auteurs présumés de ce génocide. Visiblement, les dés étaient déjà pipés. Ma parole n'y a rien changé. Une déception dont je ne reparlerai jamais avec François Mitterrand. Pas assez de preuves, à cette époque. Difficile aussi d'accuser un homme très malade de complicité de génocide.

27 mai 2021

La vérité prend du temps. Dans l'enceinte du mémorial de Gisozi, à Kigali, le président, Emmanuel Macron, reconnaît dans un discours la « responsabilité accablante [de la France] dans un engrenage qui a abouti au pire ». Reconnaissance mais non repentance, un premier pas.

18 janvier 2024

L'historien Vincent Duclert publie *La France face au génocide des Tutsi*. Il fait enfin la lumière sur le soutien inconditionnel de la France aux bourreaux : aveuglé par son désir d'influence dans cette partie de l'Afrique, le président a bien continué à livrer des armes aux Hutus pendant le génocide alors que la France aurait pu arrêter les massacres. Au moins huit cent mille Rwandais, en grande majorité Tutsis, ont perdu la vie durant ces trois mois épouvantables, selon la commission d'enquête indépendante de l'ONU.

En écrivant ce livre, j'en découvre un autre, celui de Jean-Paul Mari, *Sans blessures apparentes*. Il parle des damnés de la guerre, des névroses traumatiques dont ils sont frappés, un mal qui hante civils comme militaires, reporters comme humanitaires. Un nom ravive ma mémoire : le général Roméo Dallaire, héros national au Canada, que j'ai croisé et interviewé au Rwanda. Et je découvre une histoire qui me donne la chair de poule : en 2000, il a été retrouvé à Hull, au Québec « ivre, à demi nu sur un banc près de la rivière où il voulait se noyer. Sa quatrième tentative de suicide ». Lui qui a écrit *Shake Hands With the Devil : The Failure of Humanity in Rwanda* ne supportait manifestement plus la main du diable et ce monstrueux échec de l'humanité. Rassurons-nous, il est toujours vivant et a été longtemps sénateur. Mais la guerre n'est jamais finie dans nos têtes. Comment signer intérieurement la paix ?

17

Arafat, espoirs déçus à Gaza

Juillet 1994

J'ai quitté le Rwanda il y a vingt-quatre heures. Je n'ai pas encore défait ma valise. Pas eu le temps de décompresser, hâte de retrouver Chamonix et mes montagnes. La paix, la beauté, les amis. Combien de temps me faudra-t-il pour oublier Kigali ?

Le téléphone me ramène à la réalité. C'est Cyril Sauvenière, l'un des rédacteurs en chef de politique étrangère.

— Marine, Yasser Arafat rentre à Gaza demain. Comme tu le sais, Catherine Jentile[1] vient de te relayer au Rwanda. Donc c'est toi qui pars pour Gaza.

J'ai beau être épuisée et avoir le moral au plus bas, le grand retour d'Arafat parmi les siens après vingt-sept ans d'exil, ça ne se rate pas ! Me reviennent les images qui nous ont captivés un jour de septembre 1993 : la rencontre historique entre Yitzhak Rabin et Yasser Arafat sous l'œil réjoui de Bill Clinton. La paix avec des stylos au lieu de

1. Spécialiste du Moyen-Orient.

mitraillettes. Une poignée de main entrée dans les livres d'histoire. Les accords d'Oslo ouvraient la voie à un État palestinien, le monde entier était enfiévré par le rêve inespéré d'une paix globale au Moyen-Orient. Le prix Nobel de la paix 1994 a récompensé ce trio de dirigeants : Yitzhak Rabin, Shimon Peres, Yasser Arafat. Souvenons-nous que celui qui y croyait le plus, l'artisan passionné, l'homme courageux, le *Mensch* Yitzhak Rabin, disait alors : « Il faut combattre le terrorisme comme s'il n'y avait pas de négociations. Et négocier comme s'il n'y avait pas de terrorisme. Nous sommes destinés à vivre ensemble sur le même sol et la même terre. »

Il sera assassiné le 4 novembre 1995 par un juif extrémiste religieux. Le fanatisme a gagné. La volonté de paix dans cette région se conclut toujours de la même manière. Chaque pays a ses extrêmes qui œuvrent farouchement pour la guerre et détruisent systématiquement les efforts de conciliation.

Depuis des années, je vais régulièrement au bureau de Jérusalem remplacer les correspondants permanents. Israël, la bande de Gaza, les territoires occupés, je connais bien. J'ai aussi pour ami Charles Enderlin, le correspondant de France 2 qui occupe le même immeuble que TF1. Il a une telle expertise que j'aime monter à l'étage du dessus pour discuter avec lui dès que je suis dans le pays. Il est mon conseiller favori, qui me briefe sur tous les points essentiels. J'ai des amis à Jérusalem et à Tel-Aviv, mais aussi dans les territoires occupés comme à Gaza, et j'ai toujours essayé de rester neutre, sincère, intellectuellement honnête face aux situations qui se présentaient à moi. Je partage les drames des deux côtés.

Tsahal ne pourrait pas exister sans ses réservistes, les *milouim*. La peur au ventre, ces hommes quittent leur femme, leurs enfants, leur famille, leur job, c'est cruel. On leur a inculqué depuis qu'ils sont gamins le sens du devoir et du sacrifice pour que vive Israël. À la ville, ils sont médecins, fleuristes, restaurateurs, ingénieurs, et d'un jour à l'autre ils doivent tout quitter pour aller sur des terrains où certains n'ont jamais mis les pieds. Ils sont cette armée du peuple indispensable à l'armée de métier. Chaque fois que je les interroge, j'essaie de me mettre à la place de leur famille, d'imaginer leurs angoisses, leurs attentes. La plupart savent qu'ils seront envoyés en terre inconnue face à des populations qui leur feront la guerre, essaieront de les piéger et de les tuer. Le conflit qui occupe l'actualité aujourd'hui, en 2024, en est le paradigme. Un engagement extrêmement coûteux que leur pays leur impose, sans qu'ils puissent y échapper.

Côté gazaoui, un autre drame. Les enfants, les jeunes gens vivent sur cette mince bande de terre surpeuplée par deux millions de personnes et dont il est impossible de s'échapper. Au sud, la frontière égyptienne est fermée. Au nord, la frontière israélienne est ouverte pour laisser les Palestiniens travailler. Ce passage est extrêmement contrôlé, fermé à la moindre alerte. Quant à la mer qui longe la bande de Gaza, la sécurité vient du ciel. L'enfreindre est mortel à coup sûr. De l'autre côté, à l'est, des barbelés, des miradors protègent les colonies qui leur font face. Censément infranchissables. La situation étouffe toute forme de rêve pour la jeunesse, même celle qui fréquente les universités. À leur sortie, 50 % des étudiants sont au chômage. Beaucoup d'entre eux aimeraient vivre en paix, mais le Hamas est là à chaque coin de rue qui cherche à les embrigader. S'ils rejoignent la « ferveur » (le sens du mot créé par l'acronyme), ils seront payés et leurs familles beaucoup mieux protégées. Même ceux qui ne partagent en rien leur extrémisme sont piégés. Comment un tel lieu pourrait-il ne pas enfanter des monstres ?

Au poste-frontière d'Erez, je suis rassurée de retrouver notre traducteur Ramzi, qui travaille avec le bureau de TF1 depuis des années. Il habite Gaza avec sa famille. Nous apprécions tous sa fiabilité mais surtout c'est l'un des rares fixeurs qui ouvrent toutes les portes de la bande de Gaza. Très bon journaliste, il est champion du monde des manifestations. Avec lui, j'ai appris à reconnaître tous les drapeaux des factions en présence. Et son sens du dialogue m'a sauvée plusieurs fois quand la situation dégénérait.

— Est-ce que tu sais que France 2 a été choisie pour créer la chaîne d'info palestinienne ? Ils ont l'exclusivité. Ils sont cinq équipes sur place depuis plusieurs jours. Pourquoi viens-tu si tard ?

— J'arrive du Rwanda.

— Tu ne t'arrêtes jamais ?

— Voir pour une fois la liesse dans les rues de Gaza au lieu de la guerre, c'est un moment historique !

Yasser Arafat a établi ses quartiers dans l'hôtel Palestine. Toute la presse est sur place. Mieux vaut rester dans le coin, on ne sait jamais. Juste à côté se trouve un petit restaurant de crevettes en bord de mer. Je propose à Ramzi et à l'équipe d'y faire le point puisque le grand jour est demain. Autant se reposer.

Nous sortons du restaurant, tout est calme. Ramzi nous donne rendez-vous demain matin, à 8 heures. Ma curiosité naturelle me pousse à repasser devant l'hôtel Palestine pour repérer les lieux et discuter avec quelques copains reporters des temps forts de la journée à venir. Où aura lieu le discours ? Où placer les caméras ? Arafat a-t-il l'intention d'aller à Jabalia, le plus grand des camps de réfugiés palestiniens ?

Nous sommes donc devant l'hôtel Palestine pour prendre le pouls de la situation quand un garde de la sécurité de l'hôtel me hèle par mon nom. Je connais peu de gens dans l'entourage d'Arafat, rencontrés lors d'interviews à Jérusalem au fil des années. Je crois à une blague.

— Bonsoir Marine, tu ne me reconnais pas ?

Dans l'obscurité, j'ai du mal à le distinguer.

— Amir, à Bagdad ! Ton traducteur ! Ça ne te dit rien ? Avec Adnan, la première guerre du Golfe...

— Amir ? Mais qu'est-ce que tu fais là ? Gaza, c'est pas ta base !

— Je fais partie depuis peu de la garde rapprochée du Vieux. Comme tout le monde, tu veux le scoop, l'interview ?

— À ton avis ?

— Je t'ouvre la porte !

— Tu es dingue ! Toute la presse attend ça ! Je n'ai pas de caméra, on vient juste d'arriver. On l'a laissée dans notre appartement.

Je fais un signe discret à mon caméraman, Frans-Yves Marescot, qui fonce déjà pour aller chercher le matériel. Le journaliste qui dirige les équipes de France 2 est vert de rage quand il me voit passer le seuil de l'hôtel. Il se précipite et secoue la grille :

— Ce n'est pas elle qui doit entrer ! La télévision palestinienne, c'est moi qui en ai l'exclusivité !

Mon traducteur fait comme s'il ne l'entendait pas et me lance :

— Le Vieux va accorder une interview. Tu le connais, il va la faire au milieu de la nuit. Il doit d'abord s'adresser aux chaînes de télévision arabes, mais si tu veux tu pourras lui poser une ou deux questions.

Je suis bouche bée. Un tel hasard ! Il y a des moments où je me sens bénie des dieux. C'est comme un cadeau du ciel après le traumatisme du Rwanda. Je me souviens de Jean Lanzi, un présentateur du *Journal de 20 heures* qui m'avait dit à mes débuts : « Marine, ce métier, il vaut mieux en changer, si on n'a pas de chance ! » Le journaliste de France 2 m'insultera pendant trois jours. Je le comprends, il est là depuis une semaine. Moi aussi à sa place, je serais furieuse.

— Désolée, lui dis-je, j'ai eu un coup de bol. Tu en aurais profité, toi aussi. Je n'y suis pour rien.

Finalement, je pose deux questions à Arafat auxquelles il répond à peine mais je suis la seule Occidentale à couvrir sa première conférence de presse face aux journalistes arabes. J'ouvre le *Journal de 13 heures* le lendemain. Pour quelqu'un qui ne l'avait jamais interviewé, j'ai rempli le contrat avec ma rédaction. Une photo conserve le souvenir de cette rencontre.

Couvrir son retour m'a certainement évité de longues séances de psychothérapie. Comme pour me dire « Stop, réagis, ne t'enterre pas avec les morts de Kigali ! », le hasard des dates m'a envoyé un appel, une valise, un avion, une urgence à couvrir ailleurs. Avancer ! Ne pas réfléchir ! Mon cerveau se recentre sur une autre partie du monde, la Palestine, loin du Rwanda.

Ce retour de Yasser Arafat n'a été qu'un rêve éphémère. J'ai encore en mémoire les larmes des vieillards, les visages transfigurés des adolescents qui scandaient le nom de leur héros, comme pour un père Noël à la hotte prometteuse : la paix dans un futur État palestinien. Un de mes amis, universitaire en France, y croyait si fort qu'il est rentré avec toute sa famille en Palestine. Déception sur toute la ligne. Le constat est sévère.

La cour d'Arafat qui l'a suivi jusqu'à Gaza et dans les territoires a profité largement des largesses de tous les parrains du conflit. Et nous avons vu sortir de terre des maisons en marbre avec vue sur la mer, à côté des pires camps de réfugiés au monde. Le retour du Vieux est venu ajouter un nouveau chapitre à la longue histoire des occasions manquées dans cette toute petite partie du monde. Pas seulement pour les Israéliens mais aussi, ce qui est désespérant, pour son propre peuple.

18

Morts pour rien en Tchétchénie

Mars 1995

Dans l'ancien Empire soviétique qui se délite rapidement, la Tchétchénie veut son indépendance, comme tant d'autres petites républiques. Moscou a dit *niet*. Fin 1994, sous couvert de lutter contre les terroristes islamistes qui menacent la sécurité de la région, Boris Eltsine lance une première offensive et promet une *blitzkrieg*. Le 2 janvier 1995, face à la violence de la riposte tchétchène sur le terrain, l'armée russe reçoit l'ordre de pulvériser Grozny, quel qu'en soit le prix.

Après la mort de son ami Yvan Skopan, Patrick Bourrat a choisi de rester correspondant permanent de TF1 à Moscou, cette ville où l'attachent tant de souvenirs et la pertinence de sa mission.

Durant des semaines, ses reportages montrent que la victoire rapide annoncée par le Kremlin se transforme en bourbier sanglant. En quelques semaines, l'armée russe met le feu au ciel et à la terre tchétchènes. Mais le bastion des indépendantistes résiste avec rage et détermination.

Après six semaines de combat et déjà des milliers de morts, je suis envoyée pour relayer Patrick dans cette guerre qui promet d'être longue. Par téléphone, il me dit :

— Si ça bombarde encore, les caves sont un bon refuge, en revanche méfie-toi des pièges disséminés un peu partout dans la ville et des rebelles tchétchènes, ils tirent vite et se déplacent comme des nuées de chats, présents à chaque coin de rue dans un no man's land qu'ils connaissent par cœur.

Patrick parle aussi d'une boucherie absolue, sans aucune trêve humanitaire, et de la terreur des populations qui n'ont pas pu fuir.

Je n'ai pas couvert Sarajevo, je vais découvrir ce qu'est une ville assiégée.

Lorsque nous arrivons dans Grozny avec mon équipe et Sergueï, notre traducteur, il est tard, une neige fondante nous accueille. Ne restent que des dentelles de ruines dans une ville fantôme où tout le monde se cache de tout le monde, hormis tanks et soldats patrouillant dans la boue. Une boue collante qu'on transporte partout avec soi et qui ralentit toute forme d'action, comme le sable du désert irakien. On s'y enfonce, on s'y engloutit. Avec les obus qui tombent encore par intermittence, le silence et l'angoisse sont oppressants.

Où s'abriter ? Une maison abandonnée dont la moitié du toit a survécu aux obus fait notre affaire pour ce soir. Ma grosse doudoune bleue n'y résiste pas, à la fin de la nuit elle semble sortie non essorée d'une machine à laver. Je suis frigorifiée par un froid humide, pénétrant. Trente ans après, dès que les températures chutent, mes os s'en souviennent encore. Nous trouverons mieux demain.

Au petit matin, nous nous aventurons dans les rues. Patrick n'en a pas rajouté, tout est conforme à ses descriptions : des cadavres presque momifiés par le froid – des civils pour beaucoup – jonchent encore les rues. Puisqu'il est impossible de les enterrer tant la terre est gelée, leurs familles les récupèrent quand elles le peuvent et les protègent sous des bâches dans les jardins.

Pas un quartier, pas un immeuble, pas une banlieue ne sont épargnés. Mais comme sortis de nulle part, l'air hébété, des Tchétchènes survivent, ceux qui sont pris au piège, souvent des vieillards courbés comme des ombres sortant de leurs ténèbres.

— Comment des hommes peuvent-ils faire ça à d'autres hommes ? nous demande un vieil homme errant dans les rues éventrées, un sac plastique à la main.

Avant d'ajouter :

— Je suis né ici. J'ai soixante-dix ans. Je n'aurais jamais imaginé que l'on puisse détruire ma ville en quelques semaines. Regardez autour de vous, on dirait Stalingrad.

Nous le suivons. Il nous emmène dans la cave qu'il occupe avec sa famille depuis le début des bombardements. Pour ces populations terrorisées, la vie n'a plus ni couleur ni saveur. Les gens vivent comme des rats dans ces sous-sols humides, les uns sur les autres. Pour avoir testé pendant quelques jours cette promiscuité, je suis admirative de leur courage stoïque. Comment survivre à ces traumatismes ? Le froid, la boue, la pluie, aucune issue de secours, rien à manger ou à boire…

Lorsqu'ils remontent des enfers et refont surface entre deux accalmies, c'est un autre calvaire qui les attend. La ville n'offre plus rien de vivant. Comment savoir si leurs proches ont survécu ? Et moi je me demande : Comment reconstruire une ville à visage humain après tous ces malheurs ? Ces populations ne seront jamais prises en charge par des psychologues ou par des médecins compétents. Pas de Matmut pour refaire leur toit, pas d'indemnités des assurances russes. Tout est à reconstruire. Et comment, quand on n'a ni travail ni argent ?

Et que dire des enfants, qui grandissent vite dans la guerre, sans père, sans frères, morts ou au front ? Ces Gavroche de Grozny ont souvent charge d'âmes. Nous rencontrons Elbek et son petit frère, juchés sur leur caisse à roulettes. Ils partent en quête de quelque subsistance. À l'attaque ! Et pas question pour eux de revenir bredouilles.

Une foule de vieillards transis attend depuis quelques heures la miraculeuse distribution de pains de la Croix-Rouge. Elbek surgit de nulle part, trempé. Haut comme trois pommes, il se faufile partout telle une petite souris. Avec le sourire : ce que l'on ne lui donne pas, il le chaparde. Sous sa casquette en vinyle noir, sa bouille a l'innocence de l'enfance et la gravité de celui qui a déjà beaucoup vécu. J'observe avec amusement son manège et son larcin : trois pains au lieu d'un. Il me regarde. Il sait que je sais. Je lui souris.

— Il faut bien nourrir ma famille ! On est huit à la maison ! T'en veux un ? T'as de l'argent ?

Il me plaît, ce chenapan. Je sais qu'il va me conduire aux détresses qui se terrent partout dans cette ville en ruine. Son frère et lui habitent à près d'un kilomètre de là. Au coin des rues, des conduites de gaz crachent des flammes qu'il est impossible d'éteindre. Le chiot qu'Elbek serre fort dans ses bras a peur. Pas lui.

— Regarde les ruines là-bas, c'était ma maison. Maintenant on squatte dans des appartements ou dans des caves.

Au rez-de-chaussée d'un immeuble, la famille est là, rassurée de voir rentrer les enfants. Elbek a la chance d'avoir encore ses deux parents, ses sœurs et sa grand-mère. Son père se planque depuis des mois pour éviter le front :

— J'ai peur. Je ne suis sorti qu'une fois en trois mois et les Russes ont failli m'arrêter. Mon fils de vingt ans a été envoyé dans un camp de filtration, comme ils disent. En fait, c'est un véritable camp de concentration.

Je demande à Elbek :

— Qu'est-ce que tu penses des adultes qui font ça ?

— Les soldats ? Beaucoup sont morts. J'ai vu les chiens manger leurs cadavres.

Ils insistent pour nous montrer la cave où ils se réfugient au plus fort des bombardements. La pièce est glauque et humide. Un vieux canapé troué. Où dorment-ils ? Dans ces linges sales éparpillés par terre ? Milena, la jeune mère édentée, craque devant la caméra :

— Voyez ce taudis ! Nous n'avons rien, ni pour manger ni pour dormir. Boris Nikolaïevitch [Eltsine], soyez intelligent ! J'ai voté pour vous ! Cessez cette guerre ! Mes enfants n'en peuvent plus. S'il vous plaît, s'il vous plaît, arrêtez ! Doudaïev ? Je le condamne !

Milena, comme beaucoup de Russes et de Tchétchènes, sait que ce conflit est une absurdité totale. Personne ne veut de cette guerre, sauf Boris Eltsine, encore président de la Russie, et Djokhar Doudaïev, président de la République tchétchène d'Itchkérie.

En fermant la porte de l'immeuble, une inscription en cyrillique attire notre attention. Notre traducteur russe nous la déchiffre mot à mot :

— Ici. Vivent. Des Gens. Pacifiques.

Ses yeux s'embuent. Il vient de partager avec nous le quotidien poignant d'une famille tchétchène :

— J'ai honte d'être russe, avoue-t-il.

Nous n'avions pas pris la mesure de son désarroi. Dans son métier, il n'est pas censé montrer sa sensibilité. Sa faille me parle.

J'ai rendez-vous avec le commandant d'une unité russe sous une immense tente qui abrite ses troupes. Il y a quatre gros poêles pour une centaine d'hommes. Après nos nuits à la belle étoile ou au fond d'une cave, si ce n'est pas le paradis, cela y ressemble. D'entrée de jeu, je me permets de lui demander l'hospitalité. Il ironise :

— Vous n'avez pas trouvé le cinq étoiles de Grozny ?

— Je crois que vous l'avez trouvé avant nous, commandant. De ce que j'ai vu, il n'en reste plus grand-chose.

Mon humour noir a dû lui plaire, il nous héberge. Le soir venu, après une journée cauchemardesque, je regarde ces jeunes hommes, tous marqués d'une manière ou d'une autre. Certains sont blessés, sans soins, d'autres portent des bandages sales, à la tête ou aux mains. Leurs témoignages livrés à notre traducteur sont poignants, pour la plupart hors caméra car leurs officiers les épient.

— Notre unité a été décimée par les Tchétchènes. Nous avons attendu des heures avant d'être récupérés. Entre-temps, sept de nos compagnons sont morts. À quoi ça sert ? Que font nos généraux ? Qu'est-ce qu'on fait là ?

Depuis le début, ces malheureux n'ont cessé de se poser cette question face à une population moins bien armée mais bien plus aguerrie qu'eux, une ville où tous les coins de rue sont devenus des pièges, surtout pour les chars. Plus de deux cent cinquante détruits en quelques semaines.

Sergueï, autour d'un thé chaud, nous traduit tout ce que lui racontent encore ces jeunes gens, sous le sceau du secret. Ils savent qu'ils vont mourir et qu'ils n'ont aucun autre choix, si ce n'est de fuir au risque d'être fusillés.

Comment l'armée russe, deuxième puissance militaire du monde, paraît-il, en est-elle arrivée là ? Il n'est qu'à les regarder parader pour leur fête nationale, le 9 mai, lorsqu'ils célèbrent leur victoire contre l'Allemagne nazie, uniformes splendides et blindés rutilants sur la place Rouge. Avec leurs ogives nucléaires, ils terrorisent le monde. Avec leurs conscrits, c'est une affaire moins glorieuse, qui me fait penser à la « quatrième armée au monde » dont se vantait Saddam Hussein, avant de capituler bien vite. L'empereur et son armée étaient nus.

Deux très jeunes soldats, des ados, me demandent si j'ai une pharmacie.

— Nous avons des furoncles aux fesses. Ça s'est infecté et ça fait très mal depuis des semaines.

Sergueï me regarde, un peu gêné.

— Écoute Sergueï, ça arrive à tout le monde, ces petits bobos. Je ne suis pas médecin mais je vais regarder dans ma trousse à pharmacie si j'ai un peu de pénicilline ou de cortisone.

Et me voilà en mode infirmière au front qui applique un peu de crème sur leurs fesses d'enfants décharnés, en espérant que cela fera l'affaire. C'est peu ragoûtant, il n'y a pas de douche sous ces tentes et ils pourraient être mes fils. Ils me regardent avec reconnaissance.

— *Spasiba bolchoï missis !* – merci beaucoup, madame !

Ils sont la chair à canon d'un régime qui ne leur donne pas les moyens de se nourrir, de s'habiller, de se soigner. L'argent passe dans la corruption généralisée et dans les tonnes de bombes déversées par milliers sur des populations qui n'ont rien demandé.

Au petit matin, je reçois une réponse positive à ma demande de suivre les Omon, forces spéciales du ministère de l'Intérieur craintes pour leur férocité. Leur mission ? « Achever le nettoyage. » Entendez : éliminer les ultimes poches de résistance tchétchènes dans la zone la plus au sud.

Les jeunes soldats qui nous pilotent n'ont aucune idée de la route à suivre et l'officier est obligé de demander son chemin à des civils tchétchènes en pleine campagne. Et au milieu de nulle part, le blindé s'embourbe. Nous réalisons brusquement que nous ne sommes qu'à une centaine de mètres des lignes tchétchènes. Une cible parfaite.

— Tirez pour les intimider, le temps de nous dégager, ordonne l'officier à ses soldats paniqués.

Autour de nous, aucune possibilité de protection. Nous sommes totalement à découvert. Vivre une telle situation est très rare pour moi : je privilégie toujours la prudence. Avec l'équipe, nous nous sentons piégés. Sortir et risquer d'être tirés comme des lapins ? Nous n'irions pas bien loin avec nos pauvres gilets pare-balles et nos casques qui ne font pas le poids. Ou rester dans le char russe et sauter avec lui ? Ce sont parmi les plus longues minutes de notre vie, chacun est perdu dans ses réflexions. Mais la panique ne sert à rien. Il faut calmer la peur autant que faire se peut. Respirer : inspirer, expirer, encore et encore. Dire qu'en ce moment je pourrais être à Chamonix à dévaler les pistes poudreuses des Grands Montets avec les copains ! Qu'est-ce que je fiche là ? La question revient comme à chacun de mes moments critiques. J'invoque Yahweh, saint Jean, Jésus, Allah, Bouddha, et tous les autres.

Ce jour-là, Athéna, déesse de la guerre, se montre clémente. Nous atteignons l'unité des Omon à l'abri des lignes de front tchétchènes. Je respire.

Dans la maison qu'ils occupent, je repère sur les murs des Rambo qui exhibent leurs muscles et quelques couvertures affriolantes de *Playboy*. Je prends soudain conscience d'être la seule femme parmi ces soudards. J'ai entendu assez de victimes me parler de leur viol.

Le commandant me rassure sur les dangers bien réels de leur refuge :

— Dans la journée, vous ne craignez rien. C'est la nuit, quand ces chiens franchissent nos lignes, qu'il y a des dégâts. Demain, nous vous emmènerons en opération spéciale.

En retirant sa cagoule, il laisse apparaître un visage à moitié brûlé. Je lui demande comment il voit l'issue de ce conflit.

— C'est le plus effrayant que j'aie jamais vu. Et j'en ai vu beaucoup. C'est pire que l'Afghanistan.

Dans les rues quasi désertes, ils avancent ainsi, maison par maison, à la recherche d'armes, de munitions ou de rebelles.

— Il faut faire attention, c'est bourré de pièges. Un mini-fil tendu, et tout explose.

Vu leurs compétences discutables, mon équipe et moi décidons de ne pas traîner longtemps dans le coin.

Nous retournons au *komandny tsenter*, quotidiennement visé par des snipers, où un prêtre bénit les jeunes soldats. Il insiste lui aussi pour nous parler :

— Ces jeunes sont fidèles à leur pays, mais la Russie les a trahis. Nous sommes en train de sacrifier ce que nous avons de meilleur.

Pris dans les mâchoires d'une guerre absurde, civils et militaires se partagent ainsi le quotidien. Dur de parler de vainqueurs ou de vaincus. À quelques kilomètres de là, le bruit étouffé de tirs d'artillerie indique que le conflit n'est pas près de finir.

Une des dernières images que je garde avant de quitter Grozny : un soir d'accalmie, nous sortons d'une cave où nous nous sommes abrités pendant quelques jours. À la surface, des soldats en uniforme débraillé chantent à tue-tête, d'autres tapotent sur un piano branlant, tous ivres de vodka frelatée. C'est une grande beuverie en l'honneur d'une victoire. Quelle victoire ? Nous aussi sommes fatigués. Ce marasme, ces cadavres, cette population totalement démunie ne nous inspirent qu'une envie : rentrer au chaud à la maison, nous qui avons cette possibilité. Mais nous nous laissons faire et succombons à la vodka. L'envie de tout oublier est plus forte.

De retour au bureau de Moscou, la secrétaire russe me signale des dépêches urgentes en rapport avec la Tchétchénie :

— Des mères de soldats russes préparent une grande manifestation pour protester contre cette guerre absurde. Ça fait pas mal de temps qu'elles existent, elles sont très actives. Ce serait intéressant d'aller les interviewer !

Je les rencontre sur un quai de gare. Elles ne sont qu'une cinquantaine. Au risque de la prison, elles bravent la peur. Leurs banderoles interpellent les autorités. Elles ne cessent de scander :

— Assez de sang versé ! Où sont nos enfants ?

Les mots déchirants criés par ces femmes pourraient sembler dérisoires mais elles ne s'en tiennent pas à des slogans. Elles organisent des expéditions en train en Tchétchénie, à la recherche de leurs enfants dont elles n'ont aucune nouvelle. Ces poignées de babouchkas sont loin d'être marginales. L'opinion publique se montre aussi largement hostile à l'« opération militaire » qui tourne au fiasco. La colère monte contre la conscription, l'ogre qui emmène les hommes au loin pour mieux les dévorer.

— Tous les jours, des dizaines de cercueils arrivent à Moscou. Nous ne sommes même pas prévenues. Où sont nos fils ? Où sont nos maris ?

L'une d'elles mentionne une messe pour l'enterrement de Yuri, dix-huit ans, le fils de sa sœur mort au front. Toutes deux me proposent de les accompagner. Elles veulent que le monde indifférent sache ce que le peuple russe endure en silence, loin des ors et des diktats du Kremlin.

— Le cercueil de mon enfant, mon Yuri, a voyagé pendant plusieurs semaines. Un de ses amis me dit qu'il a été tué à la Saint-Sylvestre. Ça fait deux mois, vous vous rendez compte ? Tout seul, dans sa boîte. On ne savait même pas qu'il était au front. Le doute est venu quand il a cessé d'écrire, lui qui nous écrivait beaucoup.

Les deux sœurs s'enlacent dans cette petite église orthodoxe chargée d'icônes colorées.

— On nous dit que c'est un héros de la patrie. Quel héros ? Quelle patrie ? Il détestait la guerre, il voulait être ingénieur.

Dans cette église de tous les saints, mères et grands-mères dénoncent la machine qui broie leurs enfants jour après jour.

— Vous savez ce qu'on leur fait dans l'armée s'ils ne veulent pas aller se battre ? On les humilie, on les tabasse. S'ils essaient de fuir, on les exécute. Ils sont en guenilles et mal nourris.

Une autre mère renchérit :

— Parlez de la *dedovchtchina*, la loi des grands-pères ! Vous savez ce que ça veut dire ? C'est ce que vit toute l'armée russe. Un système de mauvais traitements comme il n'en existe nulle part ailleurs.

Même notre ministre de la Défense, le général Pavel Gratchiov, a pris le risque de le dire publiquement : aucune armée au monde n'est dans un état aussi désastreux.

Qu'elles soient mères ou épouses de militaires, elles utilisent la désobéissance civile pour se faire entendre et donner une chance à la paix.

Cette guerre fera douze mille morts parmi les troupes russes et annihilera 25 % de la population tchétchène. Certains n'ont pas hésité à parler de génocide. Si ce n'était aussi dramatique, je dirais que la meilleure analyse géopolitique de la région que j'aie lue de retour à Paris était signée Didier François, un de mes journalistes favoris : « Ici en Tchétchénie, ce n'est pas une guerre, ni même une opération militaire. C'est une pure folie décidée à Moscou par une poignée de malades et menée par des dingues. »

Trente ans plus tard, les présidents ont changé de nom, les conflits aussi, mais la folie s'écrit toujours en lettres de sang.

En 2024, les femmes continuent d'implorer l'État russe pour localiser et transporter les corps de leurs défunts. Mères et épouses sont toujours les seules critiques épargnées par le pouvoir. On les tolère, ces inoffensives babouchkas, puisqu'on ne les entend pas et qu'on ne peut pas les inviter dans les conférences internationales. Un organisme de sondage en Russie écrira même qu'« elles aboient comme des chiens ».

C'est bien connu, la guerre est une affaire d'hommes.

19

Retours de front

Après la Tchétchénie, je me pose la question : comment continuer ? Comment trouver encore un sens à ce que je fais ? Jusqu'où suis-je prête à aller dans des pays qui exhalent la mort et le sang ? C'est l'un des rares moments où je me sens vulnérable, au bord de la rupture. Je n'arrive plus à tenir à distance la cause de ceux que j'interviewe. Je ne résiste plus à l'écœurement. Tout est laid, injuste et je n'y peux rien. Moi qui me refuse à l'affectif pour ne pas m'effondrer, je m'autorise à pleurer. Mais ces populations n'ont pas besoin de nos larmes de témoins démunis, elles ont besoin d'action.

Ces brusques excès de sentiments ne datent pas d'aujourd'hui. Pour redescendre, j'utilise des sas de décompression. Après le Liban, j'ai choisi Bénarès pour m'apaiser. Après Grozny, une boîte de caviar et de la vodka avec Patrick feront l'affaire. Des années plus tard, je passerai deux jours à Bombay, après le tremblement de terre du Gujarat qui a tué plus de vingt mille personnes le jour de mon anniversaire. Sans parler de mes nombreuses haltes à Dubai, au port des pêcheurs de perles, après mes séjours en Irak et en Afghanistan. La beauté et le confort retrouvés, et surtout le silence. Mes sacs de larmes à vider. Mon corps à pacifier.

Je veux rentrer comme je suis partie, indemne, déposer le fardeau à l'aéroport. Là-bas n'existe plus. Je change de vie. Un vrai phénix.

À mes retours, je veux de toutes mes forces que la vie prenne le dessus. Une part de moi se verrouille. Voilà pourquoi il m'est si difficile d'écrire ce livre, de fouiller dans mes souvenirs, d'accepter même de les avoir vécus. Longtemps je n'ai pas voulu regarder ma douleur en face. On ne peut pas se laver les yeux de tout. Les images obsédantes reviennent sans cesse : le flingue sur la tempe au Rwanda, les corps mutilés, la peur des jeunes soldats dans les tranchées, les récits de viol.

Il y a des nuits difficiles. Et des moments de vide absolu, de détresse incroyable où je cours après l'amour, le bonheur, l'excès, où je pars à la montagne et me réfugie dans la neige. La montagne et la mer, mes échappatoires. Essayer d'enfouir l'horreur au plus loin de moi.

Et tout ressurgit, intact, lorsque avant l'écriture de chaque chapitre, l'archiviste s'applique à me donner à voir pour la première fois mes reportages exhumés du site de l'INA. Ces situations et ces visages sont incrustés dans ma mémoire.

Je revois des opprimés et des tortionnaires, je revois des massacres et des villes calcinées, je revois des enfants à l'agonie et des civils mutilés, je revois des amis mourir sous mes yeux et des armes braquées sur moi. La terreur, la mort, le courage, la barbarie m'ont envahie.

Je comprends pourquoi je choisis de vivre avec des hommes à part, des pudiques qui eux aussi ont eu à affronter le danger et la mort dans leur propre monde. Il n'y a pas de hasard. À leurs côtés, je ne suis que la femme, pas la reporter, celle qui rentre en tirant le rideau derrière elle.

Je redeviens pour eux et pour les autres un être léger, joyeux, qui plante des fleurs autour de sa maison ou sur ses balcons. Pour oublier les horreurs, les odeurs, les douleurs, je sème partout des graines, des couleurs, de la douceur. À Chamonix, à Paris, au-dessus des toits face au ciel, je jette des petits cailloux de bonheur comme un Petit Poucet. Mais mes nuits, mes hommes le savent, ne sont pas toujours aussi belles que mes jours.

Clivée.

La vie serait-elle plus facile si je ne faisais qu'une ? Ou perdrais-je alors à jamais ma capacité de vivre, d'aimer, de m'enthousiasmer, la part de légèreté que je tiens à toujours conserver ?

Je repense à Jean Hatzfeld, formidable journaliste et écrivain blessé à Sarajevo et marqué à jamais par le Rwanda, qui rappelle que « toute personne confrontée à la guerre est marquée, émue, ébranlée dans sa conception du monde ».

Je retrouve mes amis, qui ont des vies aux antipodes de la mienne. Mariés avec enfants, ils s'ennuient parfois et envient mes aventures. Je fais des dîners, je souris tout le temps. Je suis frivole, je profite dans le déni. Mais ce n'est ni une façade ni une coquille vide. Je suis là, entière et boulimique de la vie. J'absorbe tous ces moments qui me nourrissent pour pouvoir repartir.

Il est difficile de m'ouvrir à mes proches. Malgré tout l'amour et l'intérêt sincère qu'ils me portent, ils ne peuvent pas se mettre à ma place. Et puis raconter quoi ? Ce que je viens de vivre ? Ai-je envie de revivre la mort brutale de mon preneur de son en Afrique du Sud ? Celle de Rory, tombé à Moscou à mes côtés ? J'ai décidé très jeune que mes deuils n'intéressaient personne, que je ne devais jamais déranger les autres avec mes problèmes.

Ma plus grande joie à mes retours : retrouver mes parents en pleine forme, pudiques et discrets. Je les ai admirés pendant des années, eux qui m'ont laissée aller et venir sans rien dire, avec le sourire, comme si je partais au bord de la mer.

Ils ne veulent en aucun cas entraver mon travail. Ils savent depuis le début que ma vie professionnelle est mon jardin secret. J'ai toujours été libre et claire avec eux :

— Ce besoin d'ailleurs et des autres est plus fort que moi. Je sais que voir votre enfant unique suivre le vent de la guerre est difficile. Merci de ne pas me l'interdire.

Ils intriguent leurs amis par leur réserve :

— On a vu votre fille au journal, vous n'avez pas peur pour elle ?

— Si elle doit mourir là-bas, c'est qu'elle l'aura choisi.

Leur foi les aide à vivre mes départs. Quand on leur demande s'ils sont fiers de moi, ils répondent :

— Bien sûr, mais pourvu qu'elle revienne !

Maman, disparue il y a peu, m'avouera leurs nuits d'angoisse et parfois leurs larmes. Elle m'expliquera aussi la pudeur de mon père.

— Souviens-toi, il t'appelait « mon trésor » quand tu étais petite. Quand tu es devenue reporter, il n'a plus osé. Tu l'intimidais d'avoir la force qu'il n'a jamais eue. Il t'admirait.

Papa était le seul que je cherchais à impressionner, dont j'attendais un mot. Ce mot, il a fini par le prononcer avant de mourir : « Je t'aime ! »

20

Voile noir sur l'Afghanistan

Février 1996

Avec mon équipe, nous arrivons à Taimaichkan, un orphelinat au centre de Kaboul. L'hiver est glacial. Mohamed, mon traducteur, n'habite pas loin et connaît bien l'endroit. Il sait qu'il y a ici des enfants qui souffrent du froid. Dehors, il fait moins vingt degrés, et il n'y a pas de vitres aux fenêtres. Plus un arbre à Kaboul, plus de bois pour se chauffer. Vivent là plus de cinq cents enfants entourés d'une centaine de femmes bienveillantes qui se sont donné pour mission de les entourer. Elles me demandent de les aider à calfeutrer les fenêtres. Je leur propose d'aller acheter des rouleaux de plastique au marché local et on accroche le tout : ça tient, victoire ! On se serre dans les bras.

Vient l'heure du repas. Devant les cuisines noires de suie, les enfants attendent sagement avec leur écuelle un brouet de haricots qui cuit dans des marmites plus noires encore.

Je suis assise dans un coin, mon équipe est un peu plus loin. Un petit garçon d'environ sept ans me fixe de ses yeux brillants. C'est l'heure du déjeuner et il regarde mes mains vides. Il se lève, s'approche de moi et me tend sa gamelle. Ce petit bonhomme ne supporte pas que je sois là sans manger et m'offre son seul repas de la journée.

Cet enfant me bouleverse. J'apprends son prénom : Iqbal. On l'a trouvé à la frontière pakistanaise et placé à l'orphelinat. Il fait partie d'un groupe qui ramasse sans aucune protection balles et éclats d'obus, pour quelques pièces de monnaie. Il m'émeut. Moi aussi, enfant du côté de Verdun, je glanais avec mes copains les restes de la guerre après les labours. Un passe-temps de vacances pour nettoyer les champs. Pour lui, c'est une question de survie.

À chaque séjour à Kaboul, je recroise Iqbal. Et à chaque retour en France, je dis à Roch que je l'accueillerais avec bonheur. Pour des femmes comme moi, adopter est une chance, peut-être, d'oublier l'indicible.

Sachant l'adoption quasi impossible en pays musulman, je rêve même de l'enlever.

Quelques jours après ma rencontre avec Iqbal, je rencontre Alberto Cairo qui travaille pour la Croix-Rouge internationale.

— Marine, il faut que je te présente Abdallah pour que tu comprennes à quel point notre engagement ici est vital.

Je le suis dans son centre orthopédique. Je rencontre un ancien agriculteur qui a sauté sur une mine. Très concentré sur son ouvrage, il polit d'une main des prothèses de pied qu'il tient par le moignon de l'autre main. Quand il tourne son fauteuil vers la caméra, je réalise qu'il a aussi perdu ses deux jambes. Il lève les yeux vers moi :

— Je ne suis qu'un morceau d'homme, mais je suis un homme quand même. Je ferais n'importe quel travail pour monsieur Alberto. Même si je dois marcher sur les genoux.

J'ai rencontré beaucoup de tocards dans l'humanitaire, mais j'ai eu la chance d'en connaître quelques-uns qui imposent le respect. Alberto Cairo est mon modèle. Avocat turinois débarqué à Kaboul en 1990 pour un stage à la Croix-Rouge, il n'a jamais pu quitter ce peuple et ces montagnes.

— Tant à faire, Marine, tant à faire !

Dans cet immense centre orthopédique qu'il a monté de toutes pièces, chacun est responsable de son destin. La production est assurée à 75 % par des paraplégiques et des amputés comme Abdallah. Pour Alberto, « il n'existe pas d'épaves humaines ».

Mentor modeste, il passe sa vie à construire et reconstruire des centres orthopédiques à travers le pays, surmontant ou contournant sans relâche les interdits et les aléas de la guerre. Loin des télés et du *charity business*, jamais dans la lumière, toujours sur le terrain, frère de tous les miséreux, accaparé par sa tâche, tel Sisyphe, il pousse éternellement son rocher au sommet.

* * *

Octobre 1996

Je déjeune avec Arnaud Hamelin, ami et producteur de documentaires pour la télévision. Je suis frustrée par le format des sujets que je dois livrer aux journaux télévisés. En deux minutes, que dire ? J'aimerais trouver une autre façon de raconter le monde, un peu à la manière de *60 Minutes*, l'émission phare de CBS. Les Anglo-Saxons osent se mettre en scène. Le téléspectateur les suit, les voit évoluer, s'identifie à eux au cœur de l'Histoire.

Ainsi est né notre projet *Profession reporter*, basé aussi sur le fait que lorsque la caméra s'éteint de nombreux éléments de compréhension échappent au téléspectateur. D'où la nécessité d'une deuxième caméra, placée plus loin mais captant tout. Pour ce premier numéro, nous choisissons l'Afghanistan, où les talibans viennent de prendre le pouvoir et où les témoignages directs seront difficiles à recueillir. Avec la deuxième caméra que les gens oublient, la scène devient plus intéressante et la complexité du réel est moins fragmentée.

Un tel dispositif coûte forcément plus cher, il faut donc convaincre la rédaction de TF1. Étonnamment, l'idée plaît tout de suite. La chaîne diffuse même le premier épisode à une heure raisonnable, en deuxième partie de soirée. L'audience est bonne, les directeurs de programme nous commandent immédiatement un deuxième numéro.

Jusque-là, l'Afghanistan était un pays très patriarcal où les femmes n'étaient pas respectées, mais elles pouvaient encore travailler et les petites filles aller à l'école. L'arrivée des talibans change tout.

Il est interdit aux femmes de travailler ou d'étudier.

Interdit aux hommes de sortir sans barbe et sans turban.

Interdits les jeux, le sport, les cerfs-volants pour les enfants.

Interdits les rassemblements de plus de cinq personnes, à l'exception des talibans.

Interdits la musique, la radio, le cinéma, la télévision.

Interdit le chant des oiseaux, le marché qui leur est consacré est fermé.

C'est de Peshawar, au Pakistan, cité frontière avec l'Afghanistan, que nous tentons de rejoindre Kaboul, capitale de tous les interdits. Auparavant, j'ai pris rendez-vous à l'école coranique d'Acania, située dans les faubourgs de Peshawar, au Pakistan. Ici ont été formés de grands chefs de guerre talibans. Dans cette madrasa, le Coran s'apprend par cœur et la rigueur, les punitions, le mode de vie austère fabriquent des serviteurs d'Allah et des combattants du djihad.

Je repère Rahmatullah, neuf ans. Quand je lui pose la première question, son professeur lui dit à l'oreille :

— Réponds bien, fais attention à chaque mot. Dis bien que tu veux devenir un taliban pour pratiquer un vrai islam.

Je repose ma question :

— Pourquoi veux-tu être taliban ?

— Pour être respecté. Pour faire la guerre sainte. Chez vous, celui qui travaille, c'est pour son confort. Chez nous, c'est pour gagner le paradis.

— Mais tu n'envies pas les jeunes garçons de mon pays qui vont au cinéma, ont des amis ?

— Ce n'est pas bien, c'est une perte de temps. Moi, je veux qu'Allah soit content de moi.

J'interpelle le directeur :

— N'avez-vous pas l'impression d'enfanter des monstres incontrôlables dans votre école ?

— Tout ça, c'est votre propagande impérialiste. L'Occident nous présente comme des sauvages, des barbares, des fondamentalistes. Il faudrait que vous vous intéressiez davantage à nous pour nous comprendre. Les talibans ont un grand projet de société, mais l'Europe essaie de le détruire avant même sa mise en place.

Je l'écoute avec attention, sans oublier ce que les enfants m'ont dit tout au long de cette journée passée avec eux. À quinze ans, comme tous les élèves de terminale, Nakiroula est heureux de partir bientôt combattre quelques mois en Afghanistan.

Avant de rejoindre l'Afghanistan, j'ai un dernier rendez-vous avec Rahimullah Yusufzai, correspondant du grand journal pakistanais anglophone *The News*. Il connaît bien le mouvement taliban et ses dirigeants.

— Il faut faire attention à Kaboul. Les talibans détestent la presse et la couverture médiatique très critique envers eux. Ça les rend très nerveux.

Il m'emmène sur le marché Nasser-Bashok de Karachi, plus connu sous le nom de « Petit Kaboul », rencontrer les nouveaux réfugiés afghans. Dans la foule, un homme nous dit :

— J'ai fui parce que les talibans voulaient que tous les jeunes hommes se laissent pousser la barbe et que nous prenions les armes pour nous battre à leurs côtés.

Ils sont des milliers comme lui à avoir tout quitté, leur maison, leur travail, leur famille, avant tout parce que les « étudiants » veulent séparer les hommes des femmes, couper la société en deux. L'homme précise :

— J'aime ma religion, j'aime mon islam, mais ces gens-là n'ont aucun rapport avec lui. Ce sont des extrémistes qui se servent de notre pays.

Un paradoxe pour ces Afghans : en fuyant la dictature religieuse, ils espèrent offrir à leurs enfants une éducation et une religion éclairées. La réalité est inverse : dans ces camps pakistanais surpeuplés, nombre d'enfants sont embrigadés dans des écoles coraniques qui les transforment à leur tour en émissaires de l'islam rigoriste.

L'avion de la Croix-Rouge nous dépose d'abord dans le nord de l'Afghanistan, où règne l'hiver et où résiste encore un seigneur de la guerre local, le général ouzbek Abdul Rachid Dostom. Arrivés à Mazâr-e Charif, notre guide nous dit :

— Ici, nous n'accepterons jamais d'être sous l'influence des étrangers.

Il parle des talibans qui, pour eux, viennent d'ailleurs.

— Ici, c'est le refuge des intellectuels qui ont fui l'obscurantisme. À Kaboul, vous le savez, la loi coranique a coupé le son et l'image. Ils pendent dans les arbres non seulement les gens mais aussi les téléviseurs. Beaucoup d'étudiants se sont réfugiés ici, dont la moitié de filles. Elles se maquillent, elles aiment la musique et la danse. Une société sans culture ni éducation, où les gens sont analphabètes, c'est un pays tout entier qui meurt.

Cette halte nous rappelle que les valeurs des talibans ne sont pas celles de tous les Afghans. Prochain rendez-vous avec Ahmed Chah Massoud, chassé de Kaboul par les talibans, qui occupent deux tiers de l'Afghanistan.

Le commandant a mis à notre disposition un hélicoptère de l'ancienne armée soviétique qui lui sert au transport de troupes et d'armes. Dans ce tacot hors d'âge dont le rotor semble tenir à un fil, nous voyageons sagement au milieu des roquettes, des explosifs et des fusils mitrailleurs. J'interpelle Ahmed qui nous accompagne :

— Tu es sûr de ton engin ? Tu me l'as vendu comme le Concorde !

Il nous faudra presque vingt-quatre heures pour arriver dans la vallée du Panchir après de multiples problèmes techniques que nous avons dû réparer à terre : une ficelle, un bout de scotch et tout repart.

J'ai déjà rencontré plusieurs fois le commandant Massoud, un homme éduqué qui comprend bien le français. Avec sa gueule d'acteur de cinéma, son pakol vissé sur la tête et ses yeux brillant d'intelligence, il est la coqueluche des journalistes français, le héros de la résistance. Mais, attention, c'est un stratège, pas un enfant de chœur. La guerre civile qu'il a menée contre les talibans a détruit Kaboul à 80 %. Il nous dit :

— Cette vallée a été occupée par les Soviétiques à plusieurs reprises. Ils n'ont jamais pu y rester. Aujourd'hui, mes moudjahidines la tiennent fermement. Nous nous sommes toujours battus pour ne pas être dominés et ne pas vivre sous un drapeau étranger. Nous résisterons contre les talibans.

En le quittant, nous apprenons que les talibans viennent encore d'allonger la liste de leurs tabous : il est interdit de photographier ou de filmer les gens, même les animaux. Mon équipe et moi relevons le défi. Il faudra redoubler de prudence et d'adresse.

À Kaboul, je veux revoir Iqbal. Je suis bouleversée de découvrir l'orphelinat à l'abandon, ouvert à tous les vents, mais Iqbal est heureux de ma présence. Son sourire me fait chavirer. Je lui montre des photos de Paris, je l'imagine à l'école. Utopie ?

Seules quatre femmes obstinées viennent encore travailler en cachette sous leur burqa. Toutes les autres se sont volatilisées. Malgré les vieillards venus les remplacer, la désorganisation est totale dans l'institution. Certains enfants ont même disparu. Ma rencontre avec le nouveau directeur, jeune mollah censé aider les enfants à grandir, est un choc. Quand je lui demande pourquoi les femmes n'ont plus le droit de venir, sa réponse est implacable.

— Notre prophète dit que les femmes n'ont que trois droits : naître, enfanter et aller dans leur tombe.

Que se passe-t-il dans la tête de ces jeunes hommes pour infliger cela aux femmes ? Je veux rencontrer les moines-soldats prêts à donner leur vie pour leur cause : depuis la prise de Kaboul, en septembre dernier, de défaite en victoire, ils progressent vers ce nord qu'ils convoitent tant.

Sur la route qui nous mène vers la ligne de front, à l'entrée de la province du Panchir, face aux troupes de Massoud, l'un d'eux exige de monter dans notre vieux minibus pour partir au combat. Il est assis en face de moi, le canon de son fusil est dirigé vers ma tête et la route est chaotique. Le moindre choc et je mourrai par erreur. Je lui demande le plus aimablement du monde :

— Pourriez-vous s'il vous plaît pointer votre arme de l'autre côté ? Parce que là, je n'aime pas ça...

Il reste stoïque. Il ne sait pas qu'il est filmé. Je change de place et je continue :

— Pourquoi vous battez-vous ?

— Dans le monde entier, les musulmans sont torturés, c'est pour ça qu'ils se battent. Les talibans veulent tout simplement instaurer un État islamique en Afghanistan. Après, ils s'occuperont du reste du monde.

— Et si je ne veux pas accepter vos règles, vos lois, qu'est-ce que vous allez me faire ?

Sans me regarder, il dit froidement à mon traducteur :

— Elle sera châtiée.

Je n'en mène pas large. Il est si jeune que j'ai du mal à le prendre au sérieux. Je me dis pour me rassurer que je pourrais être sa mère ou sa sœur et que l'on ne tire pas sur sa famille.

Après la plaine de Chamali, dans la province du Kapissa, et une route caillouteuse et enneigée, nous arrivons sur un plateau au milieu de nulle part. Des tirs se font entendre et les combattants guettent le moindre signal de guerre venu des montagnes. Ces grands garçons portant guenilles, pieds nus dans des chaussures qui se délitent à chaque pas, répondent à nos questions avec de grands sourires. Ils n'ont aucune réserve face à notre caméra, ils posent et gesticulent avec des lance-roquettes. Notre passager commente.

— Vous voyez la montagne là-bas ? C'est la ligne de front. Nos ennemis, les hommes de Massoud, sont juste là.

Un grand adolescent maigre ajoute :

— Quand nos commandants foncent vers l'avant, on les suit dès qu'ils nous donnent l'ordre de nous battre. Peu importe le froid, la neige, on y va et il ne faut jamais reculer.

Ces gamins sont des paysans le plus souvent analphabètes, enrôlés comme chair à canon dans les brigades du Coran. Notre méfiance monte d'un cran quand ils nous invitent dans leur masure. Je demande à Sébastien Renouil, mon caméraman, et à toute l'équipe :

— Comment vous le sentez ? On y va ?

Sébastien répond :

— Je suis partisan de les suivre. Qu'est-ce qu'on risque ? Ils n'ont pas des têtes de tueurs, les malheureux.

Je suis d'accord. Pour moi, ce sont des enfants qui ont grandi au mauvais endroit et au mauvais moment. Je crois que le fait d'être une femme, et sans burqa, les rassure. Je les sens très curieux de nous. Nous passons la nuit ensemble. Ils veulent que nous leur parlions de ce monde qu'ils ne connaissent pas. Nous leur faisons écouter de la musique, nous leur montrons des images de Paris, de l'Europe. Ils nous écoutent religieusement avec des étoiles plein les yeux. Dans leur masure, que du riz et de l'eau. Nous partageons nos rations militaires avec eux. Brusquement nous sommes loin de la guerre, loin de la peur. C'est très troublant pour moi. Ils ressemblent aux gosses de Tchétchénie ou aux enfants soldats en Afrique. On ne naît pas monstre, on le devient.

Le lendemain nous les regardons partir avec le sourire pour la ligne de front, juste après le tournant, qui va les avaler vivants.

De retour à Kaboul, je retrouve Mohamed qui me propose d'aller prendre un thé avec les femmes de sa famille. Je sais qu'il est chirurgien mais je ne savais pas que sa femme et ses sœurs travaillent toutes dans le domaine de la santé. Nous les filmons dans la pénombre, en cachant leur visage et en modifiant leur voix, pour leur éviter des représailles. Sa jeune sœur dit :

— Ils sont en train de broyer ma jeunesse. Je vois le futur aussi sombre que cette pièce.

Farima a vingt ans, elle est étudiante en pharmacie. Sa sœur aînée reprend.

— Ça fait deux semaines que je pleure sans pouvoir sortir. J'ai fait de brillantes études et je ne peux même pas pratiquer alors que ce pays manque cruellement de médecins. Nous sommes devant un mur infranchissable. Si nous avions de l'argent, nous n'aurions pas attendu une minute pour fuir.

La mère, professeur de mathématiques, ajoute :

— C'est une tragédie. Les talibans ont fait de l'Afghanistan un cimetière de morts-vivants.

Dans un coin de la pièce, les hommes de la famille acquiescent. Eux aussi sont concernés. Le père, peintre portraitiste, n'a plus le droit d'exercer son art : la représentation d'êtres humains est désormais interdite.

— Avec les talibans, c'est vrai que l'ordre et la sécurité sont revenus en ville. Mais à cette paix-là, nous préférons la guerre.

Et la mère conclut :

— Aidez-nous !

J'apprendrai quelques mois plus tard que Farima a fui dans le suicide l'enfer islamiste qui l'amputait de ses droits les plus élémentaires...

Dans cet obscurantisme qui renvoie Kaboul à la nuit des âges, quelques rares femmes ont encore une raison d'exister par le travail. Nous rencontrons à l'hôpital Joumhouria les rares médecins et infirmières qui bravent les interdits.

— On prend beaucoup de risques en venant. Il faut tout cacher, jusqu'aux yeux. Mais je ne peux pas abandonner mes malades. J'ai une lourde responsabilité.

Cette marche arrière vers un passé illusoire et mortifère est en grande partie orchestrée par l'improbable ministère pour la Promotion de la vertu et la Répression du vice. Il m'a fallu persévérer pendant dix jours pour obtenir une interview, la première, semble-t-il, que le ministre ait accepté d'accorder. Nous sommes tous très anxieux, nous n'avons normalement pas le droit de filmer. Mais comme les hauts dirigeants talibans savent que la communication est nécessaire, certains enfreignent leurs propres règles. Qu'en sera-t-il ici ?

Pour ce rendez-vous particulier au domicile du sheikh Muhammad Qalamuddin, nous utilisons deux caméras, l'une officielle que porte Sébastien Renouil à l'épaule, l'autre cachée dans une boutonnière de notre réalisateur, Philippe Balland. C'est un risque, nous le savons, mais grâce à nos doudounes qui nous protègent du froid, le subterfuge est presque invisible.

Sébastien a mis un autocollant sur la lumière rouge pour qu'on ne sache pas quand la caméra tourne. Heureusement, car le ministre refuse catégoriquement d'être filmé.

Il me voit arriver mais il ne me regarde pas. Il se tourne vers notre jeune traducteur, Nasir, qui panique sans le montrer, comme nous. Le ministre lui parle de moi :

— Dis à cette femme de se mettre là-bas, au fond.

D'une voix à peine audible, Nasir répond :

— C'est compliqué parce que c'est elle, la journaliste.

— Oui, c'est moi la journaliste. Vous ne voulez pas parler à une femme ?

— Ah bon ? Alors tu la mets là, dit-il à Nasir, toujours sans lever les yeux.

Je m'assois à côté de Nasir, Philippe en face de moi pour nous filmer de sa boutonnière, Sébastien s'assoit à l'autre bout pour pouvoir filmer toute la pièce. Avant que l'interview commence, le ministre crie dans sa direction :

— Apporte-moi la caméra !

Il se méfie, il veut être sûr qu'elle ne tourne pas. À ce moment, une petite panique me transperce le corps. Je sens Sébastien vaciller, je vois ses mains qui tremblent. Je me dis que le ministre va percevoir sa nervosité et nous percer à jour. Heureusement, en bon pro, Sébastien éteint tout en une fraction de seconde.

— Retire-moi ce papier collant. À quoi ça sert ?

— Pour déclencher la caméra, répond Sébastien, je lève le clapet que vous voyez là et j'appuie sur le bouton, qui devient vert. Là ça ne tourne pas, puisque c'est éteint.

Le ministre lui demande de retourner la caméra vers le mur. Ouf ! L'interview reprend, en caméra cachée cette fois. Je regarde Philippe qui vire lui aussi au vert. Sa femme l'attend à Paris, elle va accoucher dans un mois. Je le sens prêt à m'arracher les yeux pour l'avoir mis dans un tel pétrin. J'attaque fort pour faire diversion.

— Est-ce que cela vous fait plaisir de faire régner une telle terreur sur les gens ?

Il s'adresse au traducteur sans me regarder :

— Explique-lui. Lorsqu'un médecin fait une piqûre à un enfant, c'est pour son bien. Mais l'enfant a peur de l'aiguille qui entre sous sa peau. C'est pour cela qu'il déteste le médecin et se met à pleurer. S'il savait que c'est dans son intérêt, il ne pleurerait pas. Eh bien, concernant notre peuple, c'est exactement pareil. Au début, cela fait mal, mais après quelque temps, on s'habitue. Le peuple va s'habituer à l'islam.

Pendant de longues minutes, il me tresse les louanges du Coran, de la charia, du prophète et des martyrs. Ce qui m'énerve, c'est qu'il ne me regarde pas. Je sais bien que son interprétation de l'islam le lui interdit, mais quand même, je fais la naïve pour le pousser dans ses retranchements :

— Pourquoi ne me regardez-vous pas depuis le début de cette interview ?

— En principe, je ne voulais pas de cette interview avec toi. J'ai accepté parce que dans le monde il y a des rumeurs disant que nous sommes contre les droits des femmes, ce qui n'est absolument pas vrai. Nos principes ne m'autorisent pas à regarder le visage d'une femme. C'est contraire à notre religion.

Provocante, je lui tends la main une fois de plus. Se cachant presque les yeux, il se raccroche à Nasir.

— Dis-lui que je ne suis pas son ennemi. Je ne lui veux aucun mal. Qu'Allah vous accompagne là où vous allez.

La présence de journalistes à Kaboul semble chaque jour de plus en plus indésirable. L'arbitraire peut frapper à tout moment. Il nous faut quitter le pays par la route pour éviter les fouilles dans l'aéroport, devenu trop dangereux en moins d'une semaine. Après huit heures de route, voici la frontière pakistanaise. Nos cassettes bien planquées sont sauvées. Il est temps de regagner ceux et celles que nous aimons, et qui nous attendent en toute liberté.

Février 1997

Paris. Le téléphone sonne. C'est Mohamed, mon traducteur. Sa voix m'indique que quelque chose de grave vient d'arriver. Je pense à un attentat.

— Marine, Iqbal a sauté sur une mine.

Grièvement blessé, il n'a pas survécu, faute d'un hôpital où être soigné. Je suis effondrée. Iqbal, si beau, si jeune, pour lequel je rêvais d'une autre vie... Le destin s'acharne, une fois de plus. Je ne serai jamais maman.

Quelques semaines après cette tragédie, je retourne à Kaboul. Mohamed me conduit à la faculté de médecine de Kaboul où il pratiquait la chirurgie. L'hôpital Ali-Abad, où il travaillait, était sur une ligne de front pendant la guerre civile et a été détruit par les bombardements.

— Nous avons fait des miracles avec les équipes françaises des Hospices civils de Lyon qui le géraient. J'ai toujours rêvé qu'un jour les Français reviendraient et qu'ils le reconstruiraient. J'aimerais que grâce à toi ce projet devienne réalité. Iqbal sera notre phare.

— Moi, Mohamed ?! Mais enfin, je ne suis que reporter. Travailler à la télévision ne donne pas tous les pouvoirs, tu sais. Un grand dispensaire, oui à la limite, mais un hôpital ?

— C'est un hôpital dont nous avons besoin à Kaboul. Je sais par tes confrères que tu es une personne qui s'engage et que tu peux avoir cette autorité. Ta notoriété, me dit-on, t'aidera à convaincre et à réunir les personnes compétentes. Au nom d'Iqbal.

Celui qui m'appelle au secours ce jour-là a disparu quelques mois plus tard. Je l'ai cherché – en vain. Une rumeur jamais vérifiée rapporte que les talibans l'ont pendu. Je n'en ai jamais eu la preuve, mais s'il était encore en vie j'aurais eu de ses nouvelles après la chute du premier régime taliban, en 2001.

Une chose est sûre : sa prière au milieu des décombres et le souvenir de cet enfant si éveillé restent gravés en moi à jamais.

21

Chirac : voyage au bout du RER

Décembre 1996

Le directeur des programmes de TF1, Étienne Mougeotte, me téléphone :

— Marine, il faut que tu rentres, tu as été choisie pour interviewer le président de la République. Tu seras la seule femme.

— Mais pourquoi moi ?

— Ils voulaient une femme. Ils étaient une douzaine autour de la table, dont Jacques Pilhan et Claude Chirac, les conseillers en communication. Ton nom est sorti à l'unanimité.

— Je suis honorée. Et surprise. Une femme, OK, mais pourquoi pas Michèle Cotta, Catherine Nay, Anne Sinclair ? Ce sont les meilleures.

— L'attentat de Port-Royal il y a quelques jours a remis le terrorisme au centre du débat. Les pays que tu traverses interrogent. Ils veulent une femme de terrain, pour changer.

J'ai cinq jours pour me préparer à ce nouvel exercice.

Un an et demi après le début de son mandat, beaucoup de Français ont le sentiment que le président Jacques Chirac n'a pas tenu ses promesses électorales.

Il cherche à regagner la confiance du pays. Ses conseillers ont opté pour une grosse opération de communication/séduction à la télévision, la première de son septennat. Parmi trente-deux mille cartes de presse, quatre journalistes peu habitués à cet exercice ont été sélectionnés pour « donner un coup de fraîcheur » à cet entretien : Alexandre Adler, Emmanuel Chain, Michel Field et moi. Avec pour animateur Guillaume Durand, déjà familier du genre. Des confrères que je connais et pour lesquels j'ai beaucoup de respect.

Je découvre autour d'un dîner préparatoire les dessous des interviews présidentielles. Le cadre est clair : des questions ouvertes et d'autres fermées, celles décidées en amont par la présidence et celles que les journalistes ont envie de poser autour d'un thème arrêté. Soit moins de liberté que sur le terrain.

Comment rester moi-même dans un tel carcan ? La politique internationale m'a éloignée de la France depuis des années. Puisque j'ai été choisie pour des domaines très précis : le terrorisme, la violence, la guerre, ce n'est pas dans le centre de Paris que je trouverai les réponses. Il me semble opportun de partir m'installer quatre jours en banlieue auprès des habitants qui sont confrontés à ces violences. Le film choc *La Haine*, sorti l'année précédente, peint-il la réalité ? Je vais plus loin : pendant vingt-quatre heures, grâce à un éducateur social, je décide d'aller rencontrer des chefs de gang dans ce que l'on appellera plus tard les « territoires perdus de la République » où la police ne met plus les pieds.

Je dois avouer que j'ai presque plus peur d'aller dans ces quartiers où règne la loi du plus fort que dans les banlieues de Bagdad ou de Kaboul, où tout le monde file droit sous les dictatures et où les trafics sont le monopole des dirigeants, pas des adolescents.

En France, à quelques kilomètres de Paris, les caïds ne me ratent pas.

— Qu'est-ce que tu viens foutre chez nous, la bourgeoise ? Tu viens pour une tournante ? Tu cherches le frisson chez les reubeus ?! me lance, très agressif, un dealer de quinze ans, entouré de deux grands costauds, aux pieds d'une barre HLM. Il agresse le caméraman, décidé à casser l'objectif. Alors que nous parlons la même langue, établir un dialogue avec ces jeunes me semble plus compliqué que d'interviewer des talibans. Je regarde l'éducateur, lui-même peu rassuré. Ma peur monte, le danger m'apparaît partout. J'ai honte d'éprouver ce sentiment dans mon pays. Comment aborder ces gens ? Comment fendre leur armure ?

L'éducateur, qui a senti mon appel au secours, essaie de les calmer, leur explique qu'il y a une semaine j'étais en Afghanistan pendant la guerre et que j'ai passé une nuit avec de jeunes talibans.

— Ne vous fiez pas aux cheveux blonds et à la voix douce ! Cette femme-là, c'est une guerrière ! Elle sait manier des kalachnikovs et elle en a bouffé, des flingues. Vous ne l'impressionnez pas, alors dites ce que vous avez à dire, elle est là pour vous écouter. Profitez-en !

Eux que rien ne bluffe écoutent en silence. Mission accomplie, le dialogue s'installe.

— Ici, il n'y a pas de boulot pour nous. Alors, qu'est-ce qu'on fait ? On n'a pas le choix.

— Tout le monde en France a le droit au travail. Sûrement pas aussi rentable que le vôtre, mais vous pourriez quitter le quartier et monter de petites entreprises au lieu de vous prétendre interdits de tout. Le deal, c'est la facilité.

— Ça se voit bien que tu n'as jamais connu la dèche ! Viens, on va te montrer.

Ce soir-là, ils m'entraînent dans des escaliers vétustes, des caves insalubres où s'organisent tous les trafics. Un État dans l'État dans des rues sans lumière, sans espoir, monopolisées et ruinées par l'argent facile. Sans police, tout est permis. C'est plus anxiogène que certaines zones de guerre. Avant de les quitter, je leur demande :

— Que pensez-vous de Chirac ?

— C'est qui ?

L'idée est dans ma tête. Parler de ce que je découvre ne peut être traité que sous la forme d'une « lettre au président », plus marquante qu'un énième reportage éploré. Je l'intitule : *Au bout du RER, Monsieur le Président, un autre monde.*

Quand je reviens à Paris le jour de l'interview, le rédacteur en chef me dit :

— Tes consœurs proches de l'Élysée ne t'ont pas ratée ! Tu es habillée pour l'hiver !

— Ça tombe bien, c'est Noël, je pars en montagne. Raconte-moi la pire.

— « Jacquemin ? Elle a été castée sur son physique ! Pas à la hauteur. » Je te jure, texto de la bouche d'une journaliste et femme de ministre. Ça te parle ?

— Elle est vache ! Elle ne fait de mal qu'à elle-même.

À la décharge de cette femme, ces critiques sont révélatrices d'une époque où, culturellement, la société, particulièrement dans l'audiovisuel, incitait les femmes à se jalouser, à se craindre, à se combattre.

Une pour cinq hommes sur le plateau : un tel ratio ne peut pousser qu'à la compétition.

Je débarque à l'Élysée deux heures avant l'interview. Je sens le stress m'envahir. C'est moi qui dois ouvrir le bal. La maquilleuse me regarde, étonnée.

— Mais Marine, tu n'es pas allée chez le coiffeur ?

— Non, je n'ai pas vraiment eu le temps. Je vais me mettre un peu de shampoing sec, ça fera l'affaire.

Elle rigole :

— Mais on n'est pas à Grozny ou à Mogadiscio ! Tu es à l'Élysée !

— Bon, je vais me laver la tête dans le lavabo. Trouve-moi un sèche-cheveux.

— Tu rigoles ? Des millions de téléspectateurs vont te regarder ! Tu as de la chance, notre équipe a une coiffeuse, elle arrive.

J'entre sur le plateau, maquillée comme une voiture volée avec une choucroute sur la tête. Guillaume Durand ouvre la soirée et lance très vite les images qui illustrent ma « lettre au président » dont voici le commentaire :

Violence, Monsieur le Président, le mot revient chaque jour dans la vie des Français. Il faudrait dire plutôt violences au pluriel. Violence des attentats, bien sûr, anonyme, sauvage, la plus lâche, la plus absurde. Elle fait mal. Mais face à cette violence-là, les Français réagissent avec civisme et sang-froid. Pas d'étrangers désignés comme boucs émissaires, pas de panique, pas d'hystérie.

Cette violence fait d'autant plus peur qu'elle est inexpliquée. Elle paraît venir de combats qui se mènent ailleurs, loin de nous. Des combats qui, apparemment au moins, ne nous concernent pas. Des batailles qui se livrent au nom de l'islamisme militant. Montée des intégrismes autour de la Méditerranée : comment y répondre ? L'Europe, la France sont-elles plus vulnérables avec l'ouverture des frontières ?

Il y a d'autres violences, toujours au pluriel, Monsieur le Président. Violence à l'école : beaucoup d'élèves, de parents, de professeurs ne vivent plus l'école comme un lieu privilégié, là où tout commence, où tout s'apprend. Au contraire, ils la vivent comme un lieu d'appréhension, comme si l'avenir, déjà, faisait un peu peur. Depuis l'école justement.

Violence des banlieues, là encore tout à la fois réelle et exagérée, présente et fantasmée, vraie et caricaturée. C'est la violence la plus pénible, celle de l'insécurité au quotidien, de la difficulté de vivre, de la délinquance, du racket, de la drogue, celle qui pèse sur les moins privilégiés d'entre nous. C'est la violence entre jeunes et policiers qui tourne à la haine.

L'impression d'un monde où les repères traditionnels ont volé en éclats. L'impression d'un autre monde au bout du RER. Quand la banlieue devient ghetto, c'est-à-dire de plus en plus isolée du reste du pays, elle l'exprime brutalement.

Cet univers-là, les médias le reflètent et l'exagèrent à la fois, le racontent et le créent dans le même mouvement. C'est la violence à la télé, au cinéma, dans les journaux, bref, tout ce qui donne l'image et la réalité d'un univers uniformément violent, même si nous savons qu'il fait bon vivre aussi en France.

Seulement voilà, Monsieur le Président, comme vous nous l'avez dit pendant votre campagne, on a de plus en plus l'impression d'une France à deux vitesses. Nul besoin d'être professeur de sociologie : on voit bien qu'il y a une partie du pays, et pas seulement dans les banlieues, où la coupe est pleine, celle qui prend de plein fouet la violence économique et sociale des transformations que nous vivons. On nous dit mondialisation, fin des frontières, nous comprenons fin de nos repères. Cela, c'est une violence aussi, quelque chose de diffus qui fait peur.

Je vois avec tristesse aujourd'hui, en 2024, que mon analyse de la situation n'a guère pris de rides.

Guillaume Durand, qui mène le débat, ne laisse pas au président le temps de réagir à ma lettre. Il sort du cadre qui m'était imposé, la violence, et formule sa propre question de politique intérieure. Mon élan est cassé, ma lettre tombe à l'eau. Tout ce travail, ces jours passés en banlieue, j'ai la rage ! Quand j'entends le président dire à Guillaume : « Comme le disait tout à l'heure Mme Jacquemin dans son excellent film… » en me regardant comme pour appuyer ce compliment, je reprends confiance.

Quand la parole m'est enfin donnée, tout va très vite. J'ai une quinzaine de questions qui me semblent toutes essentielles. Je n'en poserai même pas la moitié. Les réponses sont vagues, je les aimerais plus concrètes. Exemple, la Corse : six cents nationalistes cagoulés et armes de guerre en main ont défié l'État lors d'une conférence de presse. Le président parle avec passion de l'âme corse blessée. J'insiste en lui demandant pourquoi, après une soixantaine d'attentats dont l'État connaît les auteurs, les prisons restent vides. Réplique décevante : la fermeté finira par payer.

N'est pas le juge Falcone qui veut.

Lors du cocktail qui suit la soirée, Jacques Chirac m'interpelle :

— Alors Marine, vous avez aimé cette interview ?

— Pour vous dire la vérité, monsieur le président, je reste un peu sur ma faim. Mes questions étaient très précises, vos réponses, beaucoup moins, en particulier sur les Corses. Je ne suis pas encore assez forte pour vous piéger.

— Ma petite Marine, vous apprendrez.

Le lendemain matin, le téléphone n'arrête pas de sonner. Les radios, les journaux, tout le monde veut ma réaction au débat d'hier. Je commence par lire la presse pour voir si on me descend ou si on m'épargne. Et là, surprise ! Ma photo fait la une de *France-Soir*. Le quotidien souligne que 12 millions de téléspectateurs ont suivi notre interview. Ils se sont même amusés à nous mettre une note sur 10, comme à l'école primaire. Les résultats vont de 9 à 3. Ouf ! j'ai le prix d'excellence, ce qui ne m'était jamais arrivé à l'école. J'appelle ma mère, que je n'ai pas eue depuis une semaine.

— Tu aurais pu nous prévenir que tu allais interviewer le président !

— Mais c'était dans tous les journaux !

— Tu es une sauvage !

— Tu devrais être heureuse, *France-Soir* m'a mis 9 sur 10 !

— Ah, mieux vaut tard que jamais, Marine ! Ta grand-mère doit se dire : Alléluia !

22

Embargo sur l'Irak

Automne 1997

Dans le monde arabe, un proverbe ancien rappelle qu'en matière de livres « Le Caire écrit, Beyrouth imprime et Bagdad lit ». C'est dire la réputation du peuple irakien. L'Irak est un des pays les plus anciens du monde. C'était la Mésopotamie, berceau de l'agriculture, des civilisations babylonienne, assyrienne et sumérienne, auxquelles on attribue l'invention de l'écriture et des mathématiques. Bagdad a été longtemps la ville du golfe Persique la plus avancée et la plus ouverte, la lumière du Moyen-Orient.

En vingt ans, la guerre Iran-Irak et la première guerre du Golfe ont mis le pays à genoux. Et depuis l'invasion du Koweït, en 1990, l'embargo décidé par le Conseil de sécurité de l'ONU l'étouffe à petit feu.

L'Irak, à longueur de colonnes, appelle la communauté internationale à son secours. Après sept années de blocus, le pays entre en agonie. Et ce n'est pas le programme Pétrole contre nourriture de l'ONU qui améliorera la situation, bien au contraire. Ni les médicaments, ni la nourriture, ni l'argent n'arrivent aux civils : le réseau de corruption tissé par le régime de Saddam Hussein détourne tout.

L'intérêt porté par les téléspectateurs au premier épisode de mon émission *Profession reporter* tournée en Afghanistan me pousse à renouveler l'expérience. La situation catastrophique de l'Irak s'impose. Ce nouvel opus traitera de ce scandale absolu, l'embargo, et j'aurai soixante-dix minutes pour exposer la souffrance d'un peuple, la trahison et l'inertie de la communauté internationale.

J'ai gardé des liens très étroits avec mon chauffeur Adnan, en qui j'ai toute confiance. J'essaie de le joindre depuis quelques jours. Je passe par l'ambassade de France, qui lui fait savoir que j'attends impatiemment son appel.

— Yalla, Marine ! J'espérais ton signal depuis longtemps ! Je voulais que tu viennes voir combien la situation à Bagdad a changé. Tu ne vas pas reconnaître la ville, et nous aussi, nous avons beaucoup changé.

Un traducteur de l'ambassade l'aide à me décrire la situation :

— Nous manquons de tout. Surtout de nourriture et de médicaments. Là, j'appelle de l'ambassade, c'est moins dangereux pour te parler. Le régime est de pire en pire. Tout est suspect, tout est interdit. Pour un oui ou pour un non, des arrestations, des disparitions. Tu sais que je suis chiite, pas sûr que cette fois ils me laissent t'accompagner. En tout cas, retourne à l'hôpital Saddam ! C'est devenu un mouroir !

J'ai compris les allusions d'Adnan. Il me dit entre les lignes que c'est très risqué pour lui. Avec cet embargo de la parole, il va être difficile de s'approcher de la vérité... Mais si j'ai réussi sous les talibans, je réussirai bien sous « Maurice » (le surnom de Saddam) !

Pour aller à Bagdad, nous passons désormais par Amman, l'embargo touchant aussi le ciel irakien. Le rituel est classique : les chauffeurs jordaniens effectuent l'aller-retour. Comme les pénuries se font terriblement sentir en Irak, nous achetons en Jordanie des vivres et de l'eau pour toute la durée de notre mission.

Avant de quitter Amman, j'ai un rendez-vous avec un ancien ministre de Saddam qui a fui son pays. Il accepte de témoigner, à visage caché, de la paranoïa généralisée sous la dictature :

— Personne, même parmi les plus puissants d'Irak, ne peut émettre la moindre critique à l'égard du régime. On peut critiquer la religion, mais pas Saddam Hussein. Dieu, c'est lui. Partout, vous pouvez être sûr que même vos plus proches peuvent vous trahir pour améliorer leur situation. Le parti Baas sème la terreur dans tout le pays. Si les États-Unis n'ont pas réussi à renverser Saddam, comment voulez-vous que le peuple irakien y parvienne ?

Après l'interview, je briefe l'équipe en mode *Mission impossible* :

— Votre mission, si vous l'acceptez, est de faire parler des gens qui ne peuvent rien dire et de ne surtout pas les mettre en danger. Si vous finissez en taule, je nierai avoir eu connaissance de vos agissements.

— Et tu trouves ça drôle ? grince mon caméraman.

Au poste-frontière, quelques heures d'attente obligée et surtout première ineptie : un test VIH est désormais obligatoire. Ironie dans un pays où l'embargo a forcé les laboratoires à fermer faute de tout. Heureusement, nous avons notre trousse à pharmacie avec des seringues propres. Ce test alibi permet aux douaniers de nous piquer 50 dollars au passage. C'est de bonne guerre par les temps qui courent.

Amman-Bagdad, un calvaire ! Imaginez un ruban de mille kilomètres en plein désert, sinistre et dangereux : c'est la route des camions, des petits trafics et des brigands. Tout le monde ici a désespérément besoin d'argent. Sur le chemin, il y a trois villages pour se restaurer : c'est donc là qu'on les trouve. Ne s'arrêter qu'en cas d'urgence ou de grande faim, ce qui est souvent mon cas, hélas !

Douze heures plus tard, voici Bagdad. L'hôtel Rachid est un passage obligé pour les affairistes et les journalistes. Dans le hall, les voyageurs piétinent nécessairement et symboliquement la mosaïque d'un George Bush grimaçant, considéré en Irak comme un grand criminel de guerre.

Bienvenue en Absurdie. Il va falloir s'accrocher, voler les images, négocier, parlementer avec un régime paranoïaque comme jamais. Le lendemain matin, rencontre avec le service de presse. Rien ni personne n'a vraiment changé. Les aimables matons sont toujours là. Je les connais bien, eux aussi se souviennent de moi :

— Alors, Marine, tu veux la Terre et la Lune à la fois, comme d'habitude ?

— Le Soleil n'est pas à la carte ? Bon, je vous ai envoyé des demandes depuis Paris. Vous les avez reçues ?

Je les vois faire mine de chercher, soulever des papiers, regarder dans des tiroirs. Leur bureau est une métaphore du pays, un capharnaüm sans nom. Évidemment, je n'ai jamais envoyé cette liste, elle ne serait jamais arrivée à bon port. Mais je les prends en faute, ma manière à moi de marquer mon territoire. Ils sont en dette, je peux réclamer mon dû :

— C'est toujours pareil chez vous ! Je vous avais dressé une longue liste des villes, des secteurs, des sites que nous voulions filmer. Alors je reprends : l'aéroport, on peut filmer ?

— Non.

— La voie de chemin de fer ?

— Non.

— Une patrouille de police ?

— Non.

— Les inspecteurs de l'ONU ?

— Non.

— Vos armes de destruction massive, alors ?

— Tu es incorrigible !

— Et les portraits de Saddam, j'ai le droit ? J'en ai repéré quelques nouveaux !

Les portraits de « Maurice » sont partout mais rares sont ceux qui l'ont rencontré depuis sept ans. Il vit caché, plus puissant que jamais, intimidant à distance. La terreur ressemble à ces poupées russes qu'on emboîte les unes dans les autres.

Notre guide et protecteur – entendez notre censeur – en est un parfait exemple : il est terrorisé par ceux qui le dirigent, qui eux-mêmes sont contraints par leur ministre, lequel redoute le courroux du président. De haut en bas, un seul faux pas et c'est la geôle. Yasser est petit, frêle, moustachu. Il me touche, il ne ferait pas de mal à une mouche. Si j'éternue, il s'envole.

Premier acte au pays d'Ubu roi : lorsque nous voulons simplement filmer le monument de la victoire contre l'Iran, l'Arc de Triomphe local, il faut batailler pour chaque image, chaque plan.

— Non, pas à droite, seulement à gauche ! Non, pas en bas, en haut ! Non, pas le palmier là-bas !

Mathieu Dupont, mon caméraman, généralement conciliant, commence à s'énerver.

Je demande à Yasser de nous emmener à l'hôpital. Je ne suis pas dupe de la mise en scène macabre qui s'y prépare : quelle meilleure vitrine que des enfants mourants pour faire pleurer les âmes sensibles et diaboliser les ennemis ? C'est le merveilleux paradoxe des embargos : les régimes en profitent, les populations en meurent. Mais la réalité de la souffrance et de la mort des malades est bien là, irréductible à toute propagande.

Dans l'hôpital, un militaire me prend à partie, un enfant dans les bras :

— Ils servent à quoi, vos films ? Que fait l'Organisation mondiale de la santé ? Mon enfant a une grave maladie du foie. Je sais qu'il peut être sauvé. Mais faute de médicaments, il va mourir. Les journalistes ont défilé par centaines dans ces couloirs de la mort. Ça a changé quoi ?

Je repense à la détresse de sœur Bernadette au Rwanda, à sa supplication muette. Et à tous ceux qui, partout dans le monde, nous prêtent un pouvoir que nous n'avons pas. Nous les décevons. Cet homme a raison, à quoi sert mon métier ? Sommes-nous juste des Cassandre, annonçant une insupportable vérité que personne ne veut entendre ?

Je demande l'accès au pavillon des cancéreux. Là, je le sais, c'est pire que tout, les enfants sont condamnés. Le cancer implique un suivi médical permanent et ici il n'y a rien, même pas d'anesthésiant. Et pourtant, dans des planques quelque part dans Bagdad, le régime accumule secrètement toutes les denrées, tous les médicaments dont son peuple a le plus grand besoin.

Le système de santé qui faisait la fierté de l'Irak est en charpie, comme l'enseignement. Bien sûr, Big Brother Saddam renvoie la faute sur l'ennemi : une, plusieurs générations condamnées ? C'est toujours la faute de l'Occident ! En attendant, on ne compte plus les morts.

Et dans les rues de Bagdad nous ne sommes plus les bienvenus. Je sens une population rongée par l'amertume. Plus aucune chaleur dans les relations, même les intellectuels sont épuisés. Je retrouve sous son olivier Saad, un vieil ami aux traits tirés. Le thé qu'il m'offre n'a plus de goût.

Quand je demande à voir son atelier, il s'effondre en larmes :

— Mais de quoi parles-tu ? Comment veux-tu peindre ou sculpter quand on a à peine de quoi manger ? La plupart des copains sont partis à Amman ou à l'étranger. Je suis resté pour ma famille.

— Et ta sœur, la chanteuse ?

— Sa voix s'est tue…

Je le laisse à sa détresse. J'aurais dû leur écrire, revenir plus vite. J'aurais dû, j'aurais dû…

Je me rends chez d'autres amis, le pharmacien Zouheir, sa femme et ses enfants, qui avaient encore une vie aisée lors de la première guerre du Golfe. Je déjeunais chez eux quand j'arrivais à Bagdad. Les enfants allaient à l'université, le commerce marchait bien. Hors caméra, le docteur Zouheir me dit :

— Avant, il me suffisait de quelques heures pour couvrir tous mes frais. Vous nous avez connus riches, nous voyagions beaucoup. J'aurais dû quitter l'Irak quand les enfants me le demandaient. Ce matin au magasin, j'ai vu quelques cas qui me désespèrent. Comment est-il possible pour un médecin ou un pharmacien de ne plus pouvoir sauver des vies faute de médicaments ? Il me semble être revenu à l'âge de pierre. Bush, Clinton veulent la démocratie ? Moi qui haïssais Saddam, j'en suis venu comme beaucoup à le soutenir.

La seule bonne nouvelle vient de leur fille, May, dix-huit ans. Elle me dit que malgré les manques l'université est toujours ouverte. Elle rêve de faire les Beaux-Arts, elle m'offre une de ses œuvres que je garderai précieusement.

L'aéroport aussi : des bâtiments flambant neufs et vides. Plus un avion sur le tarmac, ils ont été confisqués dans les États voisins. Malgré les apparences d'abandon, le personnel est toujours là, petits automates qui s'agitent pour ne pas oublier le métier. Un jour, la guerre finira.

Dans les entrepôts désertés, le personnel répare tout ce qui peut encore l'être : du matériel électronique aux couveuses pour bébés. Nous filmons un dialogue surréaliste entre le directeur et un ingénieur.

Mes débuts

Première interview : Pierre Mauroy, Premier ministre.
© Serge Foucault

Premier plateau, avec Yves Mourousi et Marie-Laure Augry.
© DR

Le Liban et l'Inde

Première guerre au Sud-Liban, 1985.

Bénarès, la paix du Gange pour faire le deuil de Beyrouth.

Le Golfe

Bagdad, deuxième guerre du Golfe, 2003.

Koweit, 1991, puits de pétrole en feu.

Irak, 2003, sur un porte-avion américain, avec Mathieu Dupont, caméraman.

Le Rwanda et la Palestine

Génocide au Rwanda. Camp de réfugiés, 1994.
© DR

Retour de Yasser Arafat à Gaza, 1994.
© DR

La Tchétchénie et l'Afghanistan

Tchétchénie, Grozny en ruine, avec Michael Koussov, 1995.
© DR

Une nuit sur le front avec les talibans et mon équipe,
Sébastien Renouil et Patrick Michel, 1996. © DR

Les présidents

Rencontre avec Bill Clinton à la Maison-Blanche grâce à Gilles Bragard (CCC).
© Maison-Blanche

Interview présidentielle de Jacques Chirac avec (de gauche à droite) Alexandre Adler, Emmanuel Chain, Michel Field et Guillaume Durand, 1996. © Présidence de la République

Devant l'hôpital de Kaboul avec un « enfant bleu » qui doit être opéré et sa maman.

Kaboul, en 2006, avec Patrice Dutertre et une famille afghane dans les ruines de l'hôpital Aliabad.

Les conditions de travail

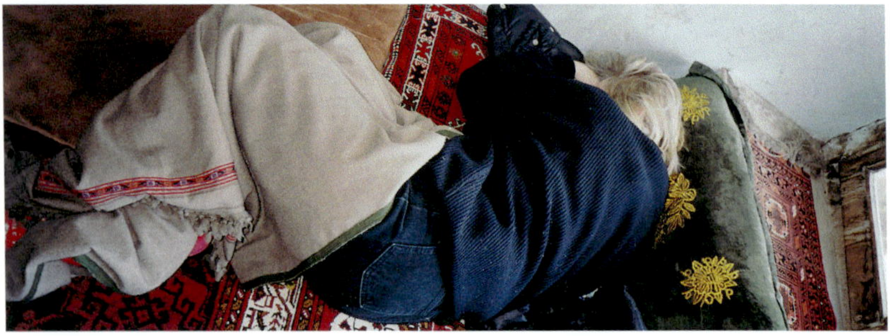

Le repos de la guerrière.

© DR

Koweit, 1991, filmer au plus près la catastrophe environnementale.

© DR

Les équipes et le matériel (300 kilos) au XXe siècle. Au XXIe, l'iPhone suffit…

© DR

Les coulisses du direct.

À bord d'un Transal avec l'armée française.

L'Afrique

Sur un fleuve africain.

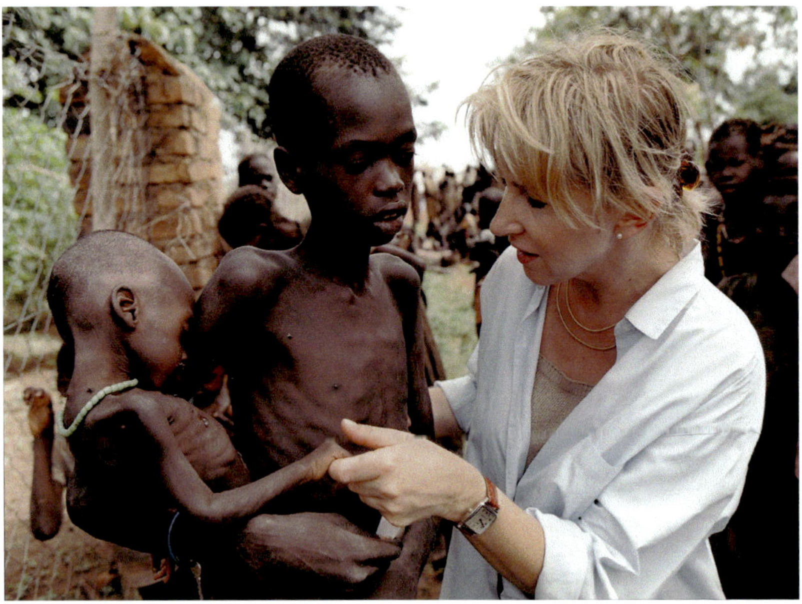

Famine au Soudan, 1998.

Retour de plongée pour un documentaire sur une épave avec Roch Pescadère, cinéaste sous-marin. © DR

Jean-Franck Charlet, ingénieur, guide de haute montagne et cristallier. © DR

Mon père.
© DR

Les armées

Avec les combattants de l'UCK.

Sur la route entre Amman et Bagdad, 1997.

Avec l'armée française en Afrique.
© DR

Avec les combattants sikhs au Cachemire.
© DR

L'opération cœur Kaboul

Dans les couloirs de l'Hôpital de la mère et de l'enfant à Kaboul.
© DR

À l'Élysée, avec Bernadette Chirac et deux petites Afghanes opérées en France par le professeur Alain Deloche. © Présidence de la République, C.CAMPAGNE

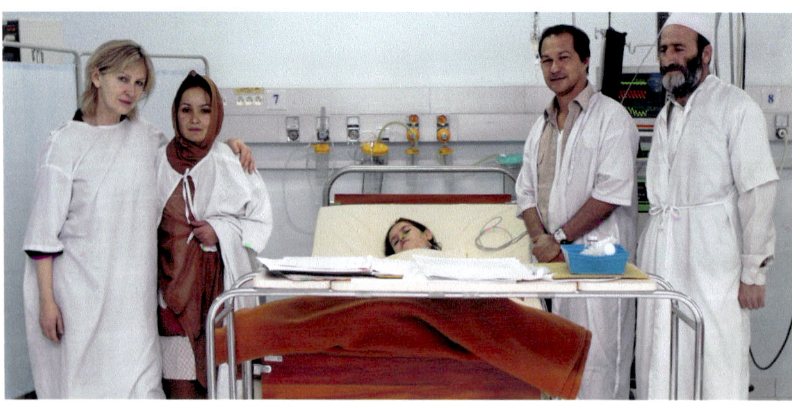

Une des premières opérations du cœur à Kaboul par le chirurgien Gérard Babatasi.
© DR

Muriel Robin à Kaboul en 2005, promesse tenue.

Avec sœur Emmanuelle qui nous avait surnommées « Murine » pour Clarins et le Prix de la Femme dynamisante. © DR

Les amies fidèles

Avec mon amie Isabel Ellsen, Koweit, 1991.
© DR

Ma rencontre à Cologne avec Mélanie Freynet (à droite en rouge) et ses élèves, novembre 2021. © DR

— On ne va leur dire que des généralités. Ce sont les premiers journalistes qui viennent ici.

— Mais ils ont l'autorisation !

— De qui ?

— Du directeur général. Répondez à leurs questions, mais cantonnez-vous aux aspects techniques. Attention ! Un étranger, ça écrit ce que ça veut.

— Ils ne vont pas filmer le palais de Saddam, au moins ?

— Non, il n'y aura pas de problème. Nous avons enquêté sur eux. Ne t'en fais pas, j'ai du flair pour ces choses-là.

— Ils enregistrent les voix aussi ?

— Non, pas les voix. Ils enregistrent juste l'image. Une caméra sans son ? Ils ont raté des épisodes depuis les frères Lumière ! Nous aurons plus tard les clés de ce dialogue de sourds : dans cet endroit, il n'y a rien à cacher, rien à comprendre, aucune arme de destruction massive. Leur psychose : que nous filmions l'un des palais de Saddam qui se trouve à plus d'un kilomètre. Un palais que le dictateur n'a probablement jamais habité, comme les dizaines d'autres que sa mégalomanie paranoïaque a fait répliquer à l'identique.

Février 1999

Profession reporter : Embargo reçoit une Nymphe d'or au Festival de télévision de Monte-Carlo. Meilleure reporter de l'année. Je suis ravie qu'un sujet aussi peu racoleur de soixante-quinze minutes, sur TF1, remporte cette statuette. J'ai voulu montrer l'injustice dont souffre cette population, coincée entre la dictature sanguinaire d'un homme et la dictature silencieuse des sanctions internationales. Un cauchemar qui durera douze ans.

Et je me souviens du 5 décembre 1997.

Je suis alors envoyée par TF1 à Sarajevo où Hubert Védrine, à l'époque ministre des Affaires étrangères, vient entre autres déposer une gerbe à la mémoire des soixante-neuf soldats français morts en Bosnie-Herzégovine. J'apprécie de rencontrer cet homme que je trouve brillant. Il m'invite à dîner durant le vol. J'en profiterai pour parler de la situation dans le Golfe et de l'embargo en Irak, d'où je reviens alors. Après quelques échanges d'ordre général sur le conflit, où il se montre très disert, je lui annonce que je ne partage pas ses opinions, en particulier sur l'embargo.

— Monsieur le ministre, des milliers de civils meurent chaque jour et le régime de Saddam ne vacille pas, bien au contraire il s'enrichit. À quoi sert donc cette sanction ?

— Vous enfoncez des portes ouvertes, chère Marine. Et je ne vous ai pas invitée pour parler de l'embargo…

— Pourquoi m'avez-vous invitée, alors ?

Silence. Je ne prendrai pas le dessert avec lui. Être femme reporter, c'est devoir plier parfois face à la condescendance. Ce soir-là, j'ai dû ravaler ma fierté.

Mais avec ce prix à Monaco, c'est précisément mon travail sur l'embargo qui est récompensé. L'humiliation s'efface. Et surtout les voix des Irakiens ont été entendues.

L'embargo se solde par un échec complet : en fermant toute possibilité pour l'Irak d'exister, ce sont les Irakiens que l'on a condamnés. Saddam Hussein a continué à diriger le pays d'une poigne de fer, en narguant le reste du monde. Obnubilé par sa survie et lancé dans sa fuite en avant, l'ancien État fort est devenu vulnérable et totalement corrompu, et dans ce pays traditionnellement laïc l'armée affaiblie ouvre grand les portes à l'islam radical.

Dans nos pays, le mot « embargo » évoque une sanction économique, une punition diplomatique, une pression financière qui obligera un dirigeant à céder. Nous l'assimilons à un dernier effort de paix : pas de bombes, pas de drones meurtriers, pas d'armées déployées, pas d'immeubles rasés, pas de sang sur les trottoirs. L'ONU garde les mains propres. Et pourtant ce que j'ai vu, c'est bien une arme de guerre, de destruction massive. En plus lâche.

23

Djakovica-sur-Glane

Juin 1999

Je ne suis pas spécialiste de « la poudrière des Balkans », ce cliché réducteur pour des générations de collégiens. On oublie souvent la singularité de l'ex-Yougoslavie, mosaïque de peuples et de religions sur laquelle a régné pendant quarante ans le socialiste Josip Broz Tito, résistant d'abord à l'occupation nazie, rompant ensuite avec Staline. Unificateur bienveillant ? Autocrate assoiffé de pouvoir ? Diplomate funambule, il a refusé de s'aligner sur aucun des deux blocs de la guerre froide. Après sa mort, les nationalismes explosent. La Serbie revendique le contrôle du Kosovo, y opprime les musulmans albanais. L'UÇK, l'Armée de libération du Kosovo, résiste et les violences s'intensifient. Au printemps 1999, plus d'un million d'Albanais kosovars fuient la guerre.

J'écoute en Albanie les récits des réfugiés. Parmi le pire du pire, si l'on peut établir une échelle de l'horreur, on nous parle d'une ville martyre, Djakovica.

Son ancien marché datant de l'époque ottomane, ses vieilles mosquées et ses ponts faisaient la fierté de cette petite cité kosovare. Lorsque nous y arrivons, la ville est comme éventrée. Les fumées montent encore des braises.

Les trente-cinq kilomètres de route de Prizren à Djakovica ressemblaient déjà à un vaste champ de bataille. Les villages traversés n'étaient plus que des ombres et une insupportable odeur de cadavre flottait dans l'air.

« Martyre », c'était peu dire : à Djakovica, le spectacle nous laisse abasourdis. Des ossements dans les cendres, du sang sur les pavés, des centaines d'impacts de balles sur les murs : je pense aussitôt à Oradour-sur-Glane, près de Limoges, ce nom qui a hanté la jeunesse de nos parents, ces ruines préservées que j'ai un jour visitées avec eux et dont je garde un souvenir glaçant.

Nous croisons un couple, Bahram et Dourchan, sur leur carriole tractée par un âne. Ils se sont cachés dans la montagne pendant plus de deux mois et tentent un timide retour chez eux. Leur maison a brûlé comme tout le reste. En larmes, le vieil homme dit :

— Même les bêtes les plus sauvages ne se comportent pas comme ça ! Qu'allons-nous faire ? Il ne reste rien de nos vies.

Les paramilitaires serbes étaient encore là il y a quelques heures. Tous les survivants que nous croisons racontent la même histoire. Une longue liste d'atrocités, de crimes, de tortures subis par une population – hommes, femmes et enfants. Sans distinction.

Avant de quitter les lieux, comme si ce n'était pas assez, ont-ils tout passé au lance-flammes ? Comment peut-on incendier une ville entière ?

— J'ai entendu mon voisin hurler avant d'être exécuté. Ça tirait dans tous les sens sur tout ce qui bougeait. Nous avons fui à travers les jardins. Quand je me suis retourné, un peu plus loin, tout brûlait. Ils ont agi comme l'éclair dans toutes les rues.

Dans cet immense charnier, une mélodie au piano s'échappe d'une maison à moitié détruite. Le preneur de son, Guillaume Aguerre, me le confirme, c'est la musique de *Love Story, Une histoire d'amour*.

Nous montons à pas feutrés dans ce bout d'escalier qui tient à peine. La vision d'une jeune fille de dos jouant du piano dans ce décor ravagé nous saisit dans son absolue étrangeté. Son père, assis sur le canapé, fixe sur elle un regard vide. Que s'est-il passé ? Je n'ose pas poser la question, mais l'homme a besoin de se confier.

— Mes trois fils ont été faits prisonniers. Ma femme a été violée et tuée sous les yeux de ma fille. Depuis, elle ne parle plus. Elle joue du piano pendant des heures. Moi, je la regarde.

Pour une fois, je peine à retenir mes larmes. La scène est sans espoir, sans lumière, oppressante. Je quitte la pièce pour aller respirer sur la terrasse. Au loin, j'aperçois le seul coin de verdure qui a échappé aux flammes et... un apiculteur, reconnaissable à sa tenue. J'appelle Olivier Calmet, mon caméraman, pour qu'il vérifie au doubleur de focale que je n'hallucine pas.

— Non, c'est un couple autour de trois ruches. Tu veux que nous allions voir ?

Le père de la pianiste aimerait continuer à s'épancher, mais je ne peux pas, je ne peux plus. Je veux juste fuir. Les regards désorientés que me lance mon équipe semblent m'approuver. Ce jardin caché nous offre un répit inattendu, une pause dans l'horreur.

Les apiculteurs, Abnor et Semira, se sont eux aussi réfugiés dans la montagne. Ils ne pensaient pas retrouver leur bulle de verdure intacte. Les ruches et les abeilles ont survécu, mais elles se portent mal. Semira nous explique :

— On les avait abandonnées et on se devait de survivre pour les retrouver. C'est ce qui nous a fait tenir malgré le froid, la faim et la peur.

Pour Abnor, la force de vie des abeilles est une leçon :

— Si les hommes étaient aussi organisés et aptes à vivre ensemble, ce sale conflit n'aurait pas existé.

Dans ce coin de terre kosovare, Djakovica n'a pas fait longtemps la une de l'actualité. Un « détail » comme tant d'autres dans le défilé des drames du JT. Génocide du Rwanda, caves de Grozny, détresse des mères russes... on se croit blasé d'enchaîner les enfers et de laisser derrière soi des populations et des maisons détruites. Un jour tombe la goutte de trop. À Djakovica, j'ai vacillé.

Marre de cette boucherie. Au nom de quoi poursuivre ce foutu métier, se laisser ravager par l'horreur ? Dans ces moments de doute, une seule réponse s'impose :

— Parlez de notre calvaire. Que le monde sache. Vous êtes notre seul espoir, m'implore-t-on.

J'entends ces supplications à longueur de temps. Aux yeux des populations martyrisées, les journalistes que nous sommes ont un rôle majeur. Mais je cherche chaque jour le sens de mon métier, je doute souvent de son utilité. Et je repense régulièrement au livre de l'alpiniste Lionel Terray dont je partage la passion pour la montagne, *Les Conquérants de l'inutile*. On y lit : « Vouloir conquérir ce qui à première vue ne sert à rien ni à personne, conquérir ce qui est vain, voilà bien une question, surtout s'il faut mettre sa vie dans la balance. » Mon utilité ? Être une passeuse, peut-être.

Reste que pour témoigner, il me faut entrer dans la vie la plus intime des humains au cœur du chaos. À Djakovica, mes oreilles résonnent de cette phrase d'épouvante : « Ma femme a été violée et tuée sous les yeux de ma fille. » Cette confidence n'est jamais passée à l'antenne. Pourquoi l'ai-je coupée au montage ? Par lâcheté ? Je ne voulais pas que l'on me dise : « C'est du voyeurisme, du sensationnalisme à la TF1 ! »

Je le regrette aujourd'hui. J'étais capable de rapporter beaucoup d'horreurs sans trop les montrer. Mais pour le viol, motus, c'était encore tabou dans nos pays. Depuis, les choses ont changé : en 2008, le viol a été reconnu comme arme de guerre par l'ONU et aujourd'hui les journalistes témoignent ouvertement que même les hommes et les enfants sont violés. Et que cette arme de honte, d'humiliation et de torture est une bombe à retardement pour les années à venir.

Ce reportage, curieusement, a fait beaucoup parler de lui. Plusieurs journalistes l'ont commenté, dont Daniel Schneidermann et Philippe Lançon. Je ne suis jamais en France quand paraissent les articles, donc je les lis rarement. Aussi, lorsque Véronique Buenomano, notre assistante, aussi bienveillante que compétente, m'envoie par fax au Kosovo une coupure de presse du *Monde*, je tombe des nues. Le signataire, Alain Rollat, bien connu pour sa rigueur, semble y trouver un sens à mon travail. J'en avais besoin après cette mission si éprouvante. Il a compris ma façon personnelle de l'exercer, par le petit bout de la lorgnette. *Verbatim*, ma modestie dût-elle en souffrir :

Le Monde, 18 juin 1999
« Demande de permission »
par Alain Rollat

Les corvées de croque-mort me dépriment. Je vois partout des Oradour-sur-Glane. Mes cauchemars sont remplis de charniers. Je vomis chaque soir des atrocités. Ma vie n'est plus qu'une fosse commune. Je suis un cadavre exhumé. Ayez pitié ! Laissez-moi faire un bout de chemin avec Marine Jacquemin. Laissez-moi devenir la sentinelle de sa caméra. Elle a toujours un regard d'humanité. Laissez-moi m'agripper à elle. Ses images trouvent des angles de tendresse n'importe où. Elles en ont même trouvé un à Djakovica.

Que dis-je ? Elles en ont trouvé deux ! Et c'est double miracle car Djakovica n'a plus rien d'humain.

Deux instants de bonheur aux portes de l'horreur ! Cette chère Marine a su les débusquer en suivant la charrette d'un vieil homme. Il croyait rentrer chez lui. Mais plus il revenait chez lui, plus il prenait conscience que son chez-lui était devenu un néant meublé de ruines. Il murmurait toujours la même phrase : « Même les bêtes les plus sauvages ne se comportent pas comme ça… » Il découvrait que le crime contre l'humanité se reconnaît à sa bestialité : « Même les bêtes les plus sauvages ne se comportent pas comme ça… » Il semblait réaliser que la cruauté est le propre de l'homme : « Même les bêtes les plus sauvages ne se comportent pas comme ça… »

Quel Serbe m'ôtera « ça » de l'esprit ? Où en étais-je ? Ah oui ! Je vous parlais de Marine Jacquemin et de son magnifique reportage de mercredi soir sur TF1. C'est en filmant la charrette de ce vieil Albanais errant dans les

rues de Djakovica qu'elle a d'abord déniché Erika. Cette jeune fille brune ressuscitait la vie à la barbe de la mort. Elle jouait du piano au milieu des décombres. Elle jouait *Une histoire d'amour*. Je serais volontiers resté là à l'écouter jusqu'à la fin de la paix. Mais Marine a eu une inspiration encore plus divine. Ou alors sa caméra est une magicienne. Savez-vous qui j'ai rencontré en l'accompagnant dans Djakovica-sur-Glane ? Je n'en croyais pas mes yeux. Là, entre deux pans de mur, dans l'enchevêtrement des gravats et des poutres, sur trois mètres carrés d'un jardinet protégé par la providence, il y avait, en pleine action, casqués, gantés, en tenue de combat adéquate, un jeune homme et sa jeune femme : un couple d'apiculteurs ! Leurs abeilles n'avaient pas fui. Ils les retrouvaient. Ils leur parlaient. Ils les chérissaient. Ils leur reconstruisaient un paradis de miel.
L'homme a dit : « Si les hommes étaient aussi aptes que les abeilles à vivre ensemble, il n'y aurait plus de guerre… »
Je sollicite donc, mon général, un stage d'apiculture avant la prochaine. Mon fusil pour une ruche !

24

Jean-Franck, ma passion de la montagne

31 décembre 1999

Le nouveau millénaire frappe à la porte de tous les médias. Comment marquer les téléspectateurs ? TF1 décide d'envoyer l'ensemble des reporters aux quatre coins du monde. Moscou, Hawaï, Washington ? Ma première pensée va aux militaires français en poste à Kaboul, mais j'ai aussi repéré un concert de Jean-Michel Jarre au Caire. Aborder la nouvelle ère en Égypte et sabler le champagne aux pieds des pyramides, cela m'irait bien. Mon patron, à la place, m'offre le Bal du siècle au château de Versailles. Une punition : en catastrophe, je suis obligée d'enfiler une robe de couturier trop étroite qui ne tient que par une épingle à nourrice. Au menu : interviewer les multimillionnaires de la planète attirés par le grand frisson du premier pince-fesses à Versailles depuis la Révolution. Tous les vignobles de France et des petits-fours à gogo. En studio, le sympathique Christophe Dechavanne présente la soirée. Quand c'est à mon tour d'être en direct, surpris de me voir en talons, le chignon fier, en fourrure et en strass, il plaisante :

— Marine, vous avez un renard sur la tête. Faites gaffe !

Je souris malgré le contexte dramatique : la France vient de subir de plein fouet une tempête meurtrière qui a ravagé ses forêts et privé d'électricité des milliers de foyers. Dilemme. Je dois me fondre dans ce luxe éhonté dont je me serais bien passée. Comment me plaindre ? Pour les millions de téléspectateurs qui nous regardent, cette soirée n'a rien d'un châtiment, c'est un conte de fées pour entrer dans le nouveau siècle, le nouveau millénaire.

Pourquoi parler de cette soirée particulière ? C'est aussi à cette date mémorable qu'entre rire et larmes Roch et moi avons choisi de nous séparer en beauté. L'absence d'enfant a fait de Roch mon frère plutôt que mon amoureux. Malgré tous les obstacles, nous scellons le pacte d'une amitié à vie, promesse tenue jusqu'aujourd'hui.

Le monde continue de mal tourner. L'extrême droite prend le pouvoir en Autriche avec le sulfureux Jörg Haider. Première élection de Vladimir Poutine en Russie. Et toujours Gaza, l'Afghanistan, l'Irak…

Chamonix est plus qu'un refuge, c'est l'endroit où j'oublie tout. J'aime ces montagnes qui font peur à certains, trop présentes, presque étouffantes. Moi, elles m'enveloppent, me protègent, et au fil des années je découvre celles et ceux qu'elles aimantent pour la vie. Je les suis avec passion vers les neiges éternelles, portant haut le beau nom de « guides ». J'y retrouve les prises de risque, les terrains pleins d'embûches qui forment aussi mon existence.

Mais comment imaginer ce que le hasard va m'offrir un certain soir de mars ?

Les guides organisent chaque année une cérémonie qui consacre les meilleurs d'entre eux, les alpinistes. Un festival de documentaires sur leur apparente facilité à se mouvoir dans ces espaces vertigineux, comme des danseurs au-dessus du vide. Dans cette atmosphère grisante, je croise Jean-Franck Charlet, qui deviendra mon nouveau compagnon après Roch. Pour mon plus grand plaisir, tous deux vont s'apprécier tant ils se ressemblent. L'un est attiré par les profondeurs, l'autre par les hauteurs. Mes deux passions.

Je découvre avec lui les Charlet, grande famille de Chamonix comme les Tairraz ou les Croz, tribus qui impriment leur marque sur la vallée depuis qu'elle s'est ouverte au monde.

Armand Charlet, « le prince des guides », est le grand-oncle de Jean-Franck. Dans la famille, on est guide ou cristallier depuis au moins cinq générations. Cela ne l'empêche pas de faire de belles études : sorti major des Arts et Métiers, il voit s'ouvrir à lui une carrière d'ingénieur, mais la montagne et ses cristaux sont les plus forts. Après quelques vaines tentatives, impossible de les sacrifier.

Je suis très séduite par cet homme qui tutoie les sommets et leurs trésors. J'aime l'idée qu'il m'entraîne sur ses terrains partout dans le monde. Il va avoir aussi la curiosité de partager les miens. Quand je lui annonce que je pars en Afghanistan pour mon projet d'hôpital, sa réaction est instantanée :

— L'Afghanistan ? La vallée du Panchir ? Les lapis-lazulis ? Les sous-sols de ce pays regorgent de merveilles !

Et pas seulement : quand j'étais en Iran, je regardais ces montagnes où je rêvais d'installer des remontées mécaniques. Tu me prends dans ta valise ?

— Je te prends tout de suite, mais tu es sûr de vouloir venir ? Pour les remontées mécaniques, tu oublies juste que la plupart des montagnes d'Afghanistan sont truffées de mines. Il faudra des générations avant d'aller y skier en toute tranquillité.

Enchanté de son voyage à Kaboul, Jean-Franck prend l'habitude de me suivre souvent dans mes reportages : Pakistan, Israël, Palestine, rien ne lui fait peur. Et puis il y a les cristaux. Je découvre à ses côtés le bonheur de fouiller les entrailles de la terre, comme au Panchir. Sa passion devenue mienne nous conduit dans les recoins les plus inaccessibles des montagnes du monde, à la recherche du Graal : les mines d'aigues-marines de la vallée de Hunza, au Pakistan, ou les quartz géants du Brésil. Ces trésors cachés de la nature nourrissent mes rêves et ce partage avec Jean-Franck équilibre à merveille ma vie éparpillée.

25

Mensonge d'État à Washington

Août 2002

Je tiens le bureau de Washington pendant les vacances. Je vois à la télévision une vieille connaissance, Scott Ritter, ancien inspecteur de l'UNSCOM, la Commission de contrôle, de vérification et d'inspection de l'ONU en Irak. Nous nous sommes heurtés à plusieurs reprises car je pointais son manque de respect des populations. À la recherche des « armes de destruction massive », il a fouillé pendant plus de sept ans les recoins des institutions et l'intimité des individus. Quelle n'est pas ma surprise de le voir critiquer avec véhémence l'intention de George W. Bush d'attaquer l'Irak ! Il nie désormais l'existence des fameuses armes. Comment le plus acharné des inspecteurs s'est-il forgé cette intime conviction ? Je prends rendez-vous avec lui pour une interview.

Il me reçoit chez lui :

— En 2001, l'Irak a coopéré de manière très significative. Je sais qu'il a détruit 90 à 95 % de ses armes les plus puissantes. Le pays n'a en aucun cas la capacité de les refabriquer sous cet embargo.

— Mais comment vous croire ? Pendant des années, vous nous avez affirmé le contraire.

— Je suis le mieux placé pour savoir qu'il n'y a plus d'armes chimiques ou biologiques. Ni de menace nucléaire. Le réacteur Osirak a été détruit par les Israéliens en 1981.

— La presse vous accuse d'être incompétent et aigri.

— Une certaine presse veut me ridiculiser et me discréditer. Un jour, la vérité fera surface et je serai réhabilité.

Septembre 2002

J'enquête à Bagdad sur le sujet. Deux usines m'intéressent particulièrement, elles ont fait la une du *Washington Post* et du *New York Times* : une photo satellite y a repéré des bâtiments suspects. Je dois rencontrer le général Amer al-Sadi, officier de liaison de Saddam avec les inspecteurs de l'ONU qui a écrit un rapport de trente-deux mille pages pour récuser l'existence de ces armes. Je monte à l'avant de la voiture qui doit nous emmener vers les sites. Comme d'habitude, je suis la première, et de mauvaise humeur. Sans me retourner, je lance en anglais au chauffeur :

— Mais qu'est-ce qu'ils foutent encore ? Comme d'habitude, toujours en retard !

— *I'm sorry, Madam, I was here before you !* lance une voix derrière moi.

Oups ! la boulette ! J'ose à peine me retourner. La voix poursuit :

— Je suis votre guide. Je me présente : général Amer al-Sadi. J'ai l'intention de vous emmener sur les sites que les Anglais et les Américains prétendent sensibles et impossibles à visiter. Il leur suffit de voir des blouses blanches pour imaginer le pire.

Je m'attendais à un clone de Saddam Hussein, sévère et moustachu, et je me retrouve face à un gentleman élégant qui parle l'anglais d'Oxford. Je le reverrai souvent. Il m'explique ce jour-là qu'il est aussi le représentant de Saddam Hussein pour la presse internationale et m'avoue ne pas avoir rencontré son président depuis quinze ans. Lui est ingénieur en physique-chimie et son combat, c'est la nation irakienne. Il fait tout ce qui est en son pouvoir pour éviter la guerre.

En arrivant dans la première usine, le général me lance d'un air malicieux :

— Vous allez voir de vos propres yeux les choses dangereuses que nous fabriquons dans ces laboratoires.

Un gag : on y fait pousser désormais des champignons de Paris. L'image aurait de quoi faire sourire si ces sites n'étaient pas des enjeux de guerre et de paix.

Nous visitons un autre endroit que le général décrit comme un centre de recherches médicales et agronomiques. Faute de connaissances scientifiques, c'est difficile à vérifier. Il ajoute :

— Entre 1991 et 1998, ce site, comme plus de quatre cents autres, a été régulièrement visité par les inspecteurs de l'ONU. Ils n'ont jamais rien trouvé.

Dans les mois qui suivent, la tension monte, la guerre se profile. Dans ce grand jeu de poker menteur, qui croire, où est la vérité ? Les journalistes les mieux informés se grattent la tête. Et pourquoi cette guerre ? Le pays coule, le pétrole surnage.

Saddam devient de plus en plus nerveux, et je fais plusieurs allers-retours dans la région.

20 octobre 2002

Je suis à Bagdad depuis une semaine avec mon chauffeur Adnan. Un jour, je le vois arriver tout excité :

— Marine, c'est incroyable, inespéré, Saddam Hussein vient de déclarer à la radio l'amnistie de tous les prisonniers d'Abou Ghraib ! Il faut vite y aller ! Tout Bagdad est là-bas ! Il y a tellement de prisonniers !

L'endroit est le tristement célèbre centre de torture et d'exécution de masse de Saddam, le même qui fera en avril 2004 la une avec des photos de soldat(e)s américain(e)s torturant et humiliant avec de larges sourires des prisonniers irakiens nus et encagoulés. Quand nous arrivons, une foule dense et compacte est là qui hurle. Nous sommes engloutis, au point que je me trouve mal. Adnan me soulève, je saisis la caméra et je filme depuis ses épaules. Il connaît les lieux pour y avoir déjà séjourné, lui et sa famille. Je le sens ému.

Alors que tout le monde court à droite vers les prisonniers de droit commun, Adnan file à gauche vers les prisonniers politiques. S'ils n'ont pas été assassinés, de simples opposants croupissent dans cette geôle depuis des années. Comme ce physicien à qui je pose la question :

— Pourquoi une peine de trente ans ?

Il répond avec un sourire en coin, encore méfiant :

— Eh bien, il semblerait que j'ai fait une erreur.

Et il sort de la prison. La parole n'est pas encore libérée, mais tout est dit.

Adnan m'a accompagnée ainsi durant plus d'une décennie. Et sa vieille guimbarde a fait des petits. À la fin de la deuxième guerre du Golfe, après avoir suivi des cours d'anglais à l'Institut français, il est devenu le chouchou des journalistes, à la tête d'une flotte de GMC et de Mercedes. Bien avant Uber, il a tout compris : un coup de fil, une voiture, son entreprise ne connaît pas la crise. Quand j'arrive, il n'oublie jamais que je suis sa bonne fée. Au moment d'écrire ces lignes, je lui ai téléphoné : après avoir dirigé la police irakienne, il est maintenant fier de m'annoncer qu'il est devenu général dans les services secrets irakiens.

* * *

Décembre 2002

Bientôt les fêtes. J'oublie pour quelques jours la tension en Irak. Je rejoins Jean-Franck à Chamonix et nous préparons Noël en famille. Il neige déjà. Un peu de ski, beaucoup de grand air. La vie est belle dans un pays en paix.

22 décembre 2002

5 heures du matin, le téléphone sonne :

— Bonjour Marine, c'est Robert Namias. Sois courageuse. Patrick Bourrat est mort cette nuit.

— Mais ce n'est pas possible ! Hier, on m'a dit de ne pas m'inquiéter, qu'il avait juste des côtes cassées. Il aurait même dit : « C'était pas mon tour. » Qu'est-ce qui s'est passé ?

— Les médecins américains avaient fait un diagnostic un peu trop rapide. Tu connais ces terrains mieux que moi, Marine. Dans la soirée, son cas s'est aggravé. L'IRM a montré que la rate était touchée. Il est mort d'une hémorragie interne.

Jean-Franck aimait beaucoup Patrick, qui est venu quelquefois skier avec nous à Chamonix. La mort des proches, il connaît bien : la montagne nous a déjà pris beaucoup d'êtres chers. Que dire ? Un ami de plus.

Tout est blanc autour de nous. Nous sommes partis faire de la raquette à Finhaut, dans le canton du Valais, en Suisse. La présence de Jean-Franck m'est précieuse. Sans mots, il partage ma peine, le regard embué, ses mains cherchant les miennes. Il sait apprivoiser la mort comme une fatalité, le prix de nos métiers passions.

Quelques jours plus tôt, Patrick et moi nous étions quittés joyeux après une conférence donnée à TF1 devant des chefs d'entreprise. En partant pour le Golfe, il m'avait lancé :

— Souhaite-moi bonne chance pour le Club Med !

C'est ainsi qu'il nommait le cirque médiatico-militaire dans le désert. Cette guerre semblait une imposture à beaucoup de journalistes. Les causes n'en étaient pas claires, ou trop claires.

Il couvrait les entraînements des chars Abrams dans le désert. *A priori* sans danger : la routine militaire, les manœuvres entre des plots pour des engins de cinquante tonnes fonçant dans des gerbes de sable.

Bernard Guerny, le caméraman, avait franchi les barbelés qui protégeaient la presse pour avoir le meilleur angle de vue. Bernard et moi avons reconstitué ensemble cette scène absurde. Il n'était pas en danger mais Patrick, voyant débouler le char à toute allure, a probablement revécu l'accident d'Yvan Skopan à Moscou. Dans un réflexe héroïque, il a bondi pour le protéger, sans songer une seconde à sa propre vie. Le geste panique d'un homme traumatisé par la mort de son ami. Comme lui, j'avais souvent repassé cette scène dans ma tête, puisque j'étais à leurs côtés. Mais Patrick n'avait jamais fait son deuil. Il revenait souvent sur le sujet en me prenant à témoin :

— Tu étais derrière le camion à Moscou, tu as tout vu. Yvan avançait, il était pris par l'action. Et je ne l'ai pas retenu, je n'ai pas mesuré le danger. C'est de ma faute.

— Patrick, comment aurais-tu pu imaginer qu'ils allaient tirer ? Depuis le bâtiment de la télévision, en plein Moscou ! Tous ceux qui sont morts ce jour-là autour de nous, Rory et les autres étaient des professionnels aguerris. Arrête de t'en vouloir ! Tu n'y pouvais rien.

Rien ne pouvait apaiser son sentiment de culpabilité morbide. Il portait une de ces blessures invisibles dont parle Jean-Paul Mari que j'ai déjà évoqué.

C'est le problème de nos rédactions. Nous savoir enthousiastes et passionnés et nous envoyer au cassepipe sans se préoccuper du retour, comme si nous revenions de Cabourg et non de Kaboul. Les blessures que ces images accumulées ont infligées à nos corps et à nos cœurs ont probablement, ce jour-là, coûté la vie à Patrick.

Des années auparavant, un de mes patrons devant qui j'évoquais l'idée d'une aide psychologique pour nos retours de terrain m'avait répondu :

— Je comprends que tu abordes ce sujet, mais ceux qui ne peuvent pas tenir le choc doivent changer de métier, Marine. Tu sais bien qu'ils sont des dizaines à attendre vos places ! De plus, c'est vous qui décidez d'y aller. Nous n'obligeons personne.

Ou comment se laver les mains à bon compte.

Être grand reporter dans la première chaîne d'Europe est un privilège aux yeux de tous. Nous sommes une caste à part. Pas lieu de se plaindre, pas le temps de s'écouter.

Depuis, l'idée a fait son chemin : les reporters de guerre sont mieux écoutés, respectés, encadrés s'ils le désirent.

* * *

Février 2003

Je repars à Bagdad, je passe des semaines à filmer des gens qui brassent de l'air. Dans les dernières semaines, l'Irak fait tout pour coopérer avec le conseil de sécurité de l'ONU et éviter la guerre. Les derniers inspecteurs ont tout fouillé, n'ont rien trouvé. La communauté internationale constate, atterrée, l'obstination absurde du camp républicain aux États-Unis.

Sur le terrain, nous savons tous que cette guerre n'a aucun sens. Comment Saddam, un sunnite laïc qui a toujours combattu, avec sa cruauté proverbiale, les religieux extrémistes de tout poil, pourrait-il être l'allié de Ben Laden ?

Saddam contrôle et limite les sorties des journalistes, il faut pourtant livrer chaque jour des sujets pour Paris. Que montrer ? Les inspecteurs inspectent, les intervieweurs interviewent, je cherche des angles différents pour ne pas juste être un agent de propagande. Je déniche quelques sujets autorisés qui me ressemblent plus : je vais filmer un mariage dans un hôtel, je montre les manifestations pacifistes, je cherche les fameux boucliers humains, je croise les pseudos kamikazes en guenilles « prêts à tout pour Saddam ».

Toujours ce bluff du dictateur, ces mensonges éhontés de George W. Bush qui depuis le 11 septembre 2001 a fait du monde un échiquier en noir et blanc, « l'axe du bien contre l'axe du mal ». Avec ou contre nous. Cet aveuglement le pousse à lancer contre les résolutions de l'ONU la deuxième guerre du Golfe. Je suis fière de la France qui vote avec l'Allemagne contre cette guerre où l'hubris rivalise avec la bêtise.

19 mars 2003

George W. Bush déclare la guerre et attaque l'Irak, jusqu'à Bagdad cette fois. Tony Blair et le Royaume-Uni le suivent dans cette opération indigne. Le monde a laissé faire. Victoire facile et rapide des alliés supérieurement armés. Le 13 décembre, je découvre avec le monde entier les images d'un Saddam Hussein hirsute, capturé et humilié. Pour l'homme qui a fait régner la terreur pendant vingt-quatre ans, c'est la fin : il sera ignominieusement pendu deux ans plus tard. Beaucoup s'en réjouissent : un dictateur de moins. Je crains que ne s'annonce pas pour autant une ère de paix et de justice pour le peuple irakien. On n'improvise pas une réconciliation nationale.

9 juillet 2004

Un rapport du Sénat américain reconnaît que l'Irak n'avait plus en 2003 d'armes dites de destruction massive. La presse américaine fait son hypocrite *mea culpa* et tout l'Occident se félicite de l'objectivité et de la transparence de ce rapport qui désavoue le président américain…

L'impunité de ce mensonge d'État me choque. Aucun dirigeant américain ne sera inquiété par le Tribunal international de La Haye. Justice ne sera jamais rendue aux plus de cent mille morts irakiens. C'est une guerre honteuse et inutile qui déstabilisera par la suite tout le Moyen-Orient. Les États-Unis occuperont l'Irak jusqu'en 2011 au milieu d'une épouvantable guerre civile entre sunnites et chiites. Je verrai Bagdad, cette ville phare, sombrer dans la violence et le chaos. Quel gâchis !

Un tremplin pour Daech, Al-Qaïda et les autres qui meurtriront leurs peuples et ceux de l'Europe. Un discrédit de tous les principes défendus par l'Occident, à commencer par celui des droits humains.

Enfin, la porte ouverte aux dictatures du monde entier : si les États-Unis ont le droit d'envahir à leur guise un pays souverain, pourquoi pas eux ?

26

Harcèlement

Janvier 2006

— Mais enfin, Marine, c'est quoi ces conneries ? Vous avez pété un câble ? Déchirez-moi ce torche-cul !

Je suis dans le bureau de Patrick Le Lay, PDG du groupe TF1. Nos rapports ont toujours été très directs. J'ai choisi de donner ma démission sans faire de vagues, alors que les dirigeants sont déjà partis pour Noël. Ma décision est définitive, inutile d'ergoter.

J'abandonne un salaire confortable, la première chaîne d'Europe, des amis dans tous les services, de bonnes relations avec les chefs. Comment ai-je pu en arriver là ? Renoncer à ce métier que j'aime avec passion ?

— Vous savez exactement pourquoi je pars, Patrick.

— Votre histoire ne tient pas debout. Ce n'est pas ce mec qui va déstabiliser Marine Jacquemin !

Il me répète mon nom, un mot magique dans sa bouche, l'armure invincible de la reporter de guerre. Marine Jacquemin la courageuse, l'héroïne, sans peur et sans reproche face aux excités de la détente...

alors que dans les couloirs de mon entreprise je suis pétrifiée, vidée, mortifiée.

Comment exprimer ma faiblesse ? Avouer que je suis démunie, détruite par ce poison insidieux, le harcèlement moral.

Au même titre que le harcèlement sexuel, dont heureusement je n'ai jamais été victime, cet abus de pouvoir fait des ravages considérables au fil du temps. C'est un mal dont on parle encore trop peu aujourd'hui, bien qu'il touche hommes comme femmes dans de nombreuses entreprises.

Je n'aurais jamais cru pouvoir en parler un jour. Il n'est pas question pour moi de donner un nom en pâture : vingt années se sont écoulées, je me suis reconstruite. Je témoigne cependant pour que d'autres victimes se libèrent au plus vite de cette spirale infernale qui a failli m'emporter : être atteint dans sa dignité, perdre toute estime de soi, finir par croire que c'est mérité. Que plus rien n'a de sens.

J'ai encore dans mon ordinateur des brouillons de messages aux dirigeants de la chaîne, comme celui adressé à Étienne Mougeotte, alors vice-président, pour lequel j'ai toujours eu la plus grande estime :

Très cher Étienne,

Pendant de nombreuses années je suis entrée dans ton bureau le cœur léger, t'exposant mes rêves, mes idées, mes folies aussi ; tu restais attentif même lorsque la fatigue te gagnait dans les moments difficiles…

Avec TF1, toi, Patrick Le Lay, et beaucoup d'autres, que de moments professionnels rares en feuilletant ensemble pendant plus de vingt ans les grandes pages de l'histoire du monde et de la chaîne !

Tant de drames et de fous rires, tant de sang noyé le soir dans quelques verres d'alcool, tant de violence et de douceur. Partir, revenir, les équipes, les copains, un plaisir toujours intact.

J'aime tellement écrire toutes ces images, toutes ces vies.

Je n'ai pas perdu une once de cette passion, de cette curiosité des autres et du monde.

Tu m'as donné aussi la chance de faire « Profession reporter », devenu un classique dans les écoles de journalisme. Et d'autres petites preuves, par-ci par-là, de ton respect.

Merci. Merci pour tout.

Depuis quatre ans, je vis un cauchemar. Je vous en ai parlé à demi-mot à tous : toi, Patrick Le Lay… Mais vous avez tant d'autres préoccupations que c'est passé inaperçu.

Qu'il est facile de dire que je suis une emmerdeuse, et pire encore…

Prisonnière de mon image, je ne lui ai jamais envoyé ce mail inachevé. Peur qu'une fois de plus on ne me prenne pas au sérieux, peur de ne pas être crue. Et finalement, si j'étais celle que mon supérieur décrit ? La lunatique, la capricieuse, la starlette à la grosse tête. Ce que l'on dit aux femmes quand elles dérangent.

Je n'ai plus le courage d'expliquer. Et comment faire comprendre ces années d'humiliation ?

Tout a commencé par un petit scandale qui éclabousse notre rédaction : certains confrères ont présenté des notes de frais avec de fausses factures d'hôtel, des broutilles comparées aux salaires mirobolants de ceux qui restent au chaud à Paris. Nos salaires, surtout ceux des équipes de tournage, sont bien maigres pour un métier sans prime de risque. La pratique est donc assez courante chez les reporters de terrain, tous médias confondus. Mais voilà que certains sont épinglés par la direction des ressources (in)humaines. Patrick Bourrat est visé. Je rêve ? Patrick, l'intégrité même ? Son nom dans les journaux ? Où sont la considération et le respect dans cette mesquine chasse aux sorcières ? Toutes les équipes sur le terrain qui n'ont pas le temps de déjeuner, qui négocient les tarifs des chauffeurs et des traducteurs quand les prix s'envolent, qui dorment dans des taudis, sous la pluie, dans le froid comme en Tchétchénie ou au Rwanda, qui travaillent quinze heures par jour, sans compter… Ces gens-là spolieraient la chaîne qui déborde d'argent ? En fraudant sur trois centimes et un bout de ficelle ?

Le caméraman de Patrick est licencié pour l'exemple. Il paie pour tout le monde et personne ne s'insurge. Je suis révoltée, je ne peux pas me taire. Face aux dirigeants et en conférence de rédaction, je nous défends et je critique fermement cette décision injuste.

Il se sent trahi et humilié, *lui* qui considère m'avoir toujours valorisée. Je *l*'ai mis en cause en public, *il* ne me le pardonnera jamais. Je ne vois rien venir. A-t-*il* d'autres raisons inavouées de passer à ce point de l'estime à la haine ? Ou *sa* susceptibilité narcissique m'a-t-elle échappée ? Crime de lèse-majesté : je viens de signer mon arrêt de mort. Une sentence si disproportionnée que je ne remarque pas la guerre qui s'engage alors, toute autre que celles que je côtoie habituellement. Des attaques sournoises, subtiles, contre lesquelles je ne suis pas armée. Il faut dire qu'*il* me connaît bien, *il* sait mes failles, ma fragilité derrière mon apparence. Commencent alors les vexations.

Dans les réunions, *il* salue tout le monde sauf moi. Je me dis qu'*il* est encore vexé, que tout reviendra vite à la normale. Mais broutille après broutille, les avanies s'accumulent, je vis sous une pression permanente. Je me laisse mordre tous les jours en pensant qu'*il* va se lasser.

Dans la rédaction, certains voient tout mais ne disent rien. Cette attitude me désarçonne, j'ai l'habitude des lignes de front où tout le monde est solidaire contre l'ennemi. Je n'ai pas les codes de cette guerre en entreprise, je n'en connais ni les acteurs ni les armes : les planqués, les jaloux, les peureux, la mesquinerie, la lâcheté, les remarques assassines en huis clos.

Il me convoque dans son bureau :

— Marine, tu ne penses pas que tu es un peu âgée, qu'il est temps de laisser la place aux jeunes ?

J'ai à peine cinquante ans, j'encaisse. Je ne suis pas d'un tempérament rancunier. Rien de bon ne peut naître du ressentiment. J'essaie d'oublier.

Le cercle vicieux se resserre : je plie parce que je suis faible. Je suis triste et tout se dégrade.

Une chose est sûre : je suis prise au piège. Quitter TF1 ? J'aime cette chaîne, j'aime les équipes avec qui je travaille depuis près de vingt-cinq ans. Je n'arrive pas à me résoudre à partir. Cette campagne de harcèlement durera cinq ans.

Sa perversité va jusqu'à signer un ordre de mission pour une destination lointaine. À peine suis-je dans l'avion avec mon équipe qu'*il* fait appeler les autorités aéroportuaires pour m'annoncer, sous un prétexte fallacieux, que l'équipe ne part plus. Et à chaque ordre de mission, la même épée de Damoclès. Vais-je partir ou rester ? Une torture morale permanente. Jusqu'à ce que je sois quasiment mise en quarantaine.

À la veille de la deuxième guerre du Golfe, *il* me fait rentrer à Paris au prétexte que c'est dangereux. Je tombe des nues : même l'Irak, l'un de mes domaines d'expertise, m'est interdit au moment-clé ? D'autres journalistes sont envoyés à ma place. Je n'ai plus la force de me rebeller, les années passent.

Dans mon service, je sens sur moi les regards fuyants. Certains de ceux que j'ai défendus m'ignorent désormais, comme une pestiférée dont la disgrâce serait contagieuse. Trop peur de devoir me rejoindre au purgatoire.

Je perçois parfois des sourires en coin : d'autres sont contents de me voir reléguée aux petites tâches. Les places de grand reporter sont chères à la télévision, je suis devenue pour certains la bête à abattre. Patrick Bourrat, mon grand allié, n'est plus là pour me soutenir, je me sens totalement isolée.

L'amie inconditionnelle qui ne me lâchera jamais la main s'appelle Fabienne der Stepanian. Elle est normalienne, brillante, et travaille comme archiviste à la rédaction. Elle sait ce qui se passe. Quand j'arrive au bureau la boule au ventre et que je la croise pour un café, sa bienveillance et sa délicatesse dans cet environnement hostile me rassurent. Elle me fait rire quand elle me dit que nous sommes deux ovnis sur cette planète.

* * *

Avril 2005

Pendant cette période d'ostracisme à TF1, les rares fois où on m'autorise à partir, l'autoritarisme que je subis occasionne parfois des hasards cocasses. Jean-Paul II vient de mourir, on ne sait pas encore qui va lui succéder. Je voudrais aller au Brésil dont je connais la ferveur chrétienne. Les églises y débordent déjà de fleurs et de larmes. Mon patron refuse :

— Tu pars en Argentine.

— En Argentine ? Mais je n'y ai aucun contact. Qu'est-ce que je vais y faire ?

— Le pays est à 90 % catholique. Tu trouveras bien des sujets.

Peu inspirée, je traîne mon équipe dans les rues de Buenos Aires à la recherche d'une idée miracle. Pas de foule exaltée, seul un vieux danseur de tango sur un trottoir qui me livre quelques pensées tristes.

Une source m'apprend que l'archevêque de Buenos Aires, le cardinal Jorge Mario Bergoglio, figure sur la liste des candidats à la succession du pape polonais. Je prends l'information avec des pincettes : l'homme n'aime ni la lumière ni les médias, qualités *a priori* incompatibles avec la fonction suprême.

Tentant le destin, j'entraîne mon équipe dans la cathédrale métropolitaine sur la Plaza de Mayo, où officie cette discrète éminence. Je filme son hommage au pape sous un immense portrait de Jean-Paul II :

« Regardons cet homme. Il ne nous a jamais trompés, jamais menti. Il a toujours été cohérent. »

Je noue le contact avec l'archevêque, si bien qu'il accepte que nous le suivions dans ses visites aux plus démunis, mais sans caméras. Nous prenons le bus à ses côtés pour sa tournée quotidienne. L'homme est très simple, au plus près de ses fidèles. Les titres et les honneurs ne l'ont pas détourné de son sacerdoce. Pas de scoop, cependant : c'est le favori, le cardinal allemand Ratzinger qui sera élu, mais les brimades de mon supérieur m'auront au moins permis de passer quelques heures privilégiées en compagnie du futur pape, en tout anonymat.

Pour l'anecdote, lorsque Benoît XVI renonce à sa charge, en 2013, j'apprends par le *Journal de 20 heures* que le nouveau pape, François, a quitté l'archevêché de Buenos Aires pour rejoindre le Vatican. Le présentateur s'excuse, il n'a pas d'images. Je téléphone aussitôt à mon amie Catherine Nayl, alors directrice de l'information de TF1, pour lui rappeler mon sujet de 2005, qu'elle avait totalement oublié. À 20 h 49, TF1 diffuse enfin un court portrait du nouveau pontife.

* * *

Ce reportage en Argentine sera l'une de mes dernières rares occasions de partir à l'étranger. Dernier exemple avant ma démission, l'Iran. Je prépare depuis des mois un dossier sur le nucléaire qui me tient très à cœur. J'ai tous les contacts, et j'ai surtout obtenu un précieux visa. Je vais enfin pouvoir repartir. Au dernier moment, sous un prétexte de plus, un autre journaliste est désigné à ma place. Sauf que ce pauvre pion est bien démuni, sans contacts ni visa : on n'entre pas en Iran comme dans un moulin. Tout mon travail tombe à l'eau, et le reportage avec.

Ironie du sort, je me trouve alors au bord de la mer pour couvrir un festival de bateaux à Saint-Malo. Objectivement, il y a pire. Un bon verre de cidre avec l'équipe qui fait tout pour me faire sourire. Mais je ne souris plus depuis longtemps.

Ma détresse, je la garde pour moi. Il m'arrive d'aller déjeuner chez mes parents qui habitent à côté de TF1 et s'inquiètent de mon changement.

— Qu'est-ce que c'est que cette tête d'enterrement depuis quelque temps ? Que se passe-t-il ? De quoi souffres-tu ? me demande ma mère.

Je botte en touche en prétextant la fatigue. Mes amis aussi se posent des questions :

— On ne te voit plus beaucoup à l'antenne, pourquoi ?

Je trouve toujours une excuse pour changer de conversation.

Tous les sujets de reportage que je propose sont refusés, ou confiés à d'autres. Mon originalité, l'écriture dont on me félicitait, ma passion, *il* a tout gommé. Je n'existe plus.

Je consulte un avocat réputé pour défendre les victimes de harcèlement. Mais à cette époque personne ne remet en cause le machisme. Sa réponse est donc aussi misogyne que ce que j'endure. Je me dis qu'en faisant un procès je vais tout perdre, plus personne ne voudra m'engager, je serai mise à l'index. Comme souvent chez les victimes, je culpabilise. Je suis à l'apogée de ma carrière, mais dans cette guerre d'usure, *il* a gagné. Je rends les armes sur cette moquette ouatée. Je démissionne la mort dans l'âme.

Je ne me battrai pas pour négocier les indemnités que je mérite. Je suis à terre.

Il en va de ma survie. Une autre guerre commence pour moi, un an et demi plus tard : cancer du côlon, stade quatre. Cinq ans de harcèlement moral, plus dévastateurs pour moi que vingt ans de guerre.

27

Femmes reporters de guerre

Mon nom est souvent cité dans les articles parmi les pionnières reporters de guerre. Moi, pionnière ?

Au XXe siècle, les femmes ont toujours été présentes dans les conflits, qu'elles soient combattantes, victimes, témoins ou journalistes, mais souvent invisibles et oubliées. Exemples : la Seconde Guerre mondiale, la guerre d'Algérie ou celle du Vietnam.

Ainsi, avant que l'on retrouve en 2007 une valise pleine de ses négatifs, peu de gens connaissaient le nom et le talent de Gerda Taro, grande photoreporter. La plupart de ses images de la guerre civile espagnole jusqu'en juillet 1937, date où elle a été écrasée à vingt-six ans par un char républicain, étaient cosignées par son célèbre compagnon, Robert Capa.

En 1944, Martha Gellhorn a trente-cinq ans lorsqu'elle se précipite en Angleterre pour couvrir le débarquement en Normandie. Son compagnon, Ernest Hemingway, lui a volé la lettre d'accréditation de son journal pour prendre sa place. Furieuse, elle déniche un navire-hôpital, annonce interroger les infirmières à bord et se cache dans les toilettes pour traverser la Manche. Le bateau arrivé au large d'Omaha Beach, Martha sera l'une des premières à débarquer, le 6 juin 1944. La seule femme.

On pourrait citer aussi la surréaliste et prolifique Lee Miller ou, plus proches de nous, Catherine Leroy, Christine Spengler, Françoise Demulder, Martine Laroche-Joubert et tant d'autres.

Par extraordinaire, la première guerre du Golfe, la plus spectaculaire, a sorti les femmes de leur placard car les rédactions mobilisaient toutes leurs forces vives. Dirigeants et téléspectateurs ont découvert des visages mais surtout des compétences : Patricia Allémonière, Nahida Nakad, Catherine Jentile, Maryse Burgot, Dorothée Olliéric, Mémona Hintermann, Agnès Vahramian... Journalistes formidables qu'il m'a été donné de croiser sur le terrain et pour lesquelles j'éprouve un respect sororal. Sans compter les étrangères : l'Italienne Lili Gruber, l'Autrichienne Antonia Rados et celles que j'oublie. Elles me pardonneront.

L'une d'elles est devenue ma complice, ma sœur d'armes. Et j'apprendrai brutalement sa mort.

* * *

Février 2012

Chamonix. Je m'apprête à prendre le train pour Paris. À la radio, une brève passe : une journaliste américaine vient de mourir en Syrie, de même qu'un jeune photographe de *Paris Match*, Rémi Ochlik.

Elle s'appelait Marie Colvin.

Marie et moi nous rencontrons en 1990 à Amman, au bar de l'hôtel InterContinental. Américaine vivant à Londres, elle écrit pour le *Sunday Times*. Blonde, élancée, un regard perçant, elle me frappe par sa beauté et son intelligence. Nous n'avons pas le même rythme de travail : ses échéances sont hebdomadaires, les miennes quotidiennes. Là où je cours tout le temps, elle prend le temps. Notre entente est immédiate. Généreuse, elle est mon espionne préférée, me communique toujours de bonnes informations avant même de les publier.

Nos chemins vont se croiser pendant des années : Jordanie, Irak, Arabie, Syrie, Palestine. Nous nous ressemblons : l'amour guide nos vies, nous n'avons pas d'enfant mais une mère très présente. Ce qui nous fait beaucoup rire. Nous devenons confidentes et nous voyons aussi loin de la guerre, à Londres ou à Paris.

Au Sri Lanka, accident tant redouté dans notre métier, une grenade explose sous ses pieds. Elle est touchée à la cuisse, au sein, à l'épaule et à l'œil gauche. Elle porte désormais un cache-œil noir, qui lui donne fière allure, prétend-elle en riant. Elle ne se plaint jamais. Notre autre passion commune, notre drogue, c'est de raconter la vie des civils.

Marie est de toutes les premières lignes et zones interdites. Elle a donc toujours raconté la guerre, jusqu'à en mourir. Renseignée par une source anonyme, l'armée syrienne l'a localisée avec d'autres journalistes à Homs et a déclenché le bombardement du centre de presse qu'elle avait consolidé.

Sa mort inattendue a un effet dévastateur sur moi. Après Patrick Bourrat, Marie. Ma passion du terrain s'éteint. Sans eux, la vie n'a plus le même goût. Qui a dit qu'un bon journaliste est celui qui rentre vivant ? J'ai surtout vu les meilleurs s'en aller : Toufik et Behize, Yvan Skopan, Rory Peck, Patrick, Marie...

* * *

Il est loin, ce temps de nos débuts ensemble. Marie s'amusait de moi, de la starisation des correspondantes de télévision dans les couloirs des hôtels. Elle avait raison, cette médiatisation devenait indécente, nous devenions actrices de l'Histoire, on nous traitait même d'héroïnes. Mais les héroïnes ne rentrent pas au chaud chez elles dans un pays en paix.

Être femme reporter, surtout sur le petit écran, projette une image glamour de vagabondages internationaux, de flâneries professionnelles. C'est sans doute ce qui fait rêver certaines. Tout au long de ma carrière à TF1, j'ai reçu des centaines de lettres de femmes qui disaient m'envier et s'imaginaient à ma place.

Mes amies, heureuses mères au foyer, fantasmaient aussi sur mon quotidien. Je leur répondais à toutes : « Méfiez-vous des apparences ! Vous ne voyez que la lumière mais les coulisses sont plutôt sombres. »

J'ai tout entendu.

Je n'ai pas le profil : blonde, pulpeuse ? Pas crédible pour le job.

Un scoop ? Une interview exclusive ? J'ai forcément usé de ma séduction, pour ne pas dire plus.

Quand je ne suis pas Mata Hari, je suis mère Teresa, une idéaliste qui ne voit que la veuve et l'orphelin.

Quand je m'indigne de nos grilles de salaire, j'ai la grosse tête.

Quand je m'engage dans l'humanitaire, c'est pour me montrer.

La liste est longue. La jalousie, la méchanceté n'ont pas de sexe.

J'encaisse et j'avance.

Beaucoup de jeunes reporters me téléphonent aujourd'hui encore, surtout des femmes. Elles me racontent leur vie. Je remarque dans leur approche qu'avec la féminisation du métier elles ne sont plus en compétition avec les hommes. Comme moi, elles se sont affranchies de l'idéal de virilité. Beaucoup sont surtout moins enclines que les hommes à l'addiction au danger ou à l'adrénaline.

Elles ont la trentaine. Je constate que je ne les vois plus beaucoup à l'antenne dès qu'elles ont enfanté. Elles comprennent vite, je pense, qu'il est très difficile de concilier la guerre et un enfant. Certaines ont réussi, c'est courageux. Soyons très claire : moi, maman, je n'aurais jamais fait ce choix. Reporter, oui. De guerre, non.

Je profite d'ailleurs de ce livre pour répondre aux nombreuses questions qui m'ont souvent été posées sur nos vies de reporters sur place. Ces réponses n'engagent que moi.

Cinq minutes avant l'antenne quand il faut faire un direct, je ne suis pas maquillée, j'ai les cheveux en vrac, je ne ressemble à rien. Je me mets sur le visage le peu de maquillage que j'ai sous la main. Un trait sous l'œil, un fond de rouge à lèvres, du shampoing sec, et c'est terminé. Ma mère me comparait toujours à Claire Chazal, impeccable à l'image.

— Tu pourrais faire des efforts, Marine !

— Tirée à quatre épingles au milieu des décombres ? Tu plaisantes, maman ? Maquilleuse ? Coiffeuse ? Garde-robe ? De quoi me parles-tu ?

Parlons-en, de ma garde-robe : un jean, un pantalon noir en cas de réception officielle. Pays chauds ? Trois chemisiers et deux T-shirts, larges si possible, infroissables, de couleur foncée, moins salissants – peu de teinturiers sont ouverts sur la ligne de front ! Pays froids ? Deux cols roulés, un bonnet, des gants et une parka qui me suit partout, jusqu'en Tchétchénie. Des châles de couleur à profusion. Un minuscule ours en peluche, mon porte-bonheur. Idiot mais précieux. Et mon parfum, qui ne me quitte jamais. Ma valise est surtout remplie de livres, de dossiers et de chocolat pour nourrir mes reportages.

Une femme reporter, pour moi, ne doit pas afficher trop de coquetterie. Jouer la séduction ? Une arme bien trop dangereuse ! Je me présente comme une sœur, une mère, moi qui suis toujours le garçon manqué de mon enfance.

J'emporte aussi des médicaments pour faire taire mon ventre, des lingettes de toilette pour bébé car il arrive parfois que nous ne puissions pas nous laver pendant plusieurs jours. Nous dormons le plus possible à l'hôtel mais parfois dans des granges, des maisons sans toit ou une cabane faite avec deux bouts de bois et deux sacs-poubelle, comme pendant le séisme du Gujarat, qui a fait vingt mille morts en Inde en janvier 2001.

La peur ? J'en ai déjà parlé. C'est ma plus fidèle compagne de voyage, ma boussole.

Une autre question entendue toute ma vie et qui a le don de m'exaspérer par le mépris qu'elle sous-entend :

— Marine, vous n'avez pas peur au milieu de tous ces sauvages ?

— Sauvages ? Quels sauvages ? Vous savez, j'en croise tellement à Paris…

À Paris, justement, je connais les blagues douteuses et la drague lourde de mes débuts. Le manque de respect, les gestes déplacés, j'y survis, j'ai appris à y répondre. À cette époque, je suis en couple, souvent enceinte, et je vire furie si l'on a la mauvaise idée d'insister. Ma distance et ma froideur me protègent.

Quant aux dangers, ils sont bien sûr partout dans une zone de guerre. Il faut être en hyper-vigilance, ne jamais relâcher l'attention. Cela est vrai pour tous les journalistes. Les femmes, elles, sont en plus exposées au viol et au harcèlement sexuel. Malheureusement, certaines de mes consœurs ont payé le prix fort de ce risque sur la place Tahrir, au Caire, lors du printemps arabe, notamment l'Américaine Lara Logan, violée par des mains, des bâtons, des mâts de drapeau, ou plus près de nous, Caroline Sinz, de France Télévisions. L'effet terrifiant de la meute en folie.

Ces violences m'ont été épargnées. Ma vérité étonne souvent : être femme reporter m'a protégée du pire. Dans le Liban des années 1980-1990, le kidnapping était une arme courante et terrible, mais les femmes n'en étaient pas encore la cible.

Dans les pays arabes, où les hommes ne voient presque jamais le visage d'une femme, encore moins d'une blonde, j'ai ma défense qui peut sembler naïve mais qui fonctionne : le sourire, le respect, la bienveillance, qui n'ont pas besoin de traducteur. Cette attitude suffit souvent à désarmer les kalachnikovs et à décontenancer les combattants, dans toutes les langues.

Mon flair me guide aussi. Je me suis aperçue au fil du temps que cela me réussit. Sur le rapport confiance/méfiance, jusqu'à présent, je suis gagnante.

Le voile est une autre histoire. Il dérange. Il y a vingt-cinq ans, dans *Arrêt sur images*, sur France 5, un journaliste m'a reproché de le porter. C'est méconnaître le danger. En 1990, la milice saoudienne me bastonne dans les rues de Riyad parce que je ne porte pas l'abaya, ce long voile noir obligatoire dans le royaume. Deux côtes fêlées. J'ai compris la leçon. Contrairement aux femmes de ces pays où il est imposé, j'utiliserai désormais ce voile comme un simple outil de travail temporaire, comme des chaussures de sécurité sur un chantier.

À plusieurs reprises, pour cacher mon identité, j'ai porté la burqa, prison grillagée de toile. Je portais aussi gants et chaussettes pour me fondre dans la foule. Un gros risque, mais le seul moyen d'arriver jusque chez des femmes avec une caméra cachée.

Exceptionnellement, dans ces régions, les hommes peuvent être empêchés. Cinquante pour cent de la population du pays, autrement dit les femmes, leur sont presque inaccessibles. J'ai même souvent pris la caméra pour intégrer les familles, les mariages, en laissant mon équipe en arrière. Nous, les femmes, nous faufilons plus facilement au milieu des interdits car on se méfie moins de nous. Et dans les situations critiques, nous nous en sortons mieux en jouant la naïveté.

Côté reportages, c'est en montrant ma différence que je me suis imposée : je cherche l'angle décalé, le sujet sur lequel les hommes ne se penchent pas automatiquement. Je cherche le petit événement à côté du grand : je pense au zoo dévasté de Kaboul, à l'ours aveuglé par une roquette, à cet ingénieur agronome qui ramassait les débris de la guerre pour en faire des outils agricoles, à la jeune actrice du film afghano-irlando-japonais *Osama*, où elle incarne une petite fille travestie en garçon pour pouvoir aller à l'école…

Sur ces terrains très masculins, j'aime être directe avec les hommes, les combattants, les dirigeants, d'égale à égal, sans complexe. Je m'impose, comme si les risques n'existaient pas. Je ne me demande jamais si l'on me voit comme une femme ou une journaliste, si l'on me considère ou non. Ce n'est pas mon problème, c'est le leur. La misogynie du ministre « des Vices et de la Vertu » m'est bien égale. Son mépris ne m'atteint pas. Je pense avant tout aux femmes qu'il opprime. Voilà mon intérêt : comprendre.

J'ai ainsi fait face à des dictateurs africains, à des chefs de cartels d'Amérique du Sud, à des forces spéciales en Tchétchénie.

Je suis une femme qui, par égoïsme, a voulu partir en zone de guerre pour oublier sa douleur de mère en deuil auprès de celles qui vivaient le pire.

Je suis une femme qui s'est attachée à ces pays, à ces terrains, aux femmes et aux enfants, par identification, et qui a tout risqué, avec ce qu'il faut d'altruisme, pour leur donner une visibilité.

Ce métier me passionne. Je suis journaliste. Et femme.

28

Grand reporter : ma profession de foi

On est toujours perdant dans la guerre, ceux qui la gagnent, ceux qui la perdent, et ceux qui la regardent. Je ne sais plus qui a dit cela. Je n'ai vu que des guerres absurdes, la folie de quelques hommes qui entraîne la destruction et la mort de milliers d'autres.

J'ai vécu mon métier comme un engagement dans tous les sens du terme : vivre dans les mêmes conditions que les populations, ressentir le danger, la peur, le froid. Avec humilité et discrétion, se faire accepter, s'infiltrer partout et témoigner le plus fidèlement possible de la vie des autres. Mais il faut rester lucide : nous avons toujours la possibilité de repartir. Et le terrain, personne ne nous force à y aller.

L'empathie est un grand risque. Il faut rester neutre, ne pas se laisser piéger ni manipuler, très vite décoder les informations reçues, faire le tri entre vérité et mensonge. Le tout dans la confusion, l'absurdité et le danger, en gardant à l'esprit que le meilleur reportage est celui qui sera diffusé. Mais, attention, il faut aussi se demander quoi médiatiser. Fait-on le jeu des tortionnaires ? Utilisent-ils nos écrans pour leur publicité ? Pas de dogme en la matière, chaque situation est spéciale.

La guerre est un théâtre, le plus grand du monde, et rempli de héros ordinaires. Tout y est décuplé. Pour faire face aux horreurs quotidiennes, les amitiés y sont plus fortes, les amours plus profondes. Et l'alcool y coule souvent à flots dans les volutes de cigarettes, plus ou moins légales.

Je pense souvent aux mots du journaliste Edward Behr dans son formidable livre *Y a-t-il ici quelqu'un qui a été violé et qui parle anglais ?* Pour lui, le culot, « la baraka », la capacité de dormir très peu et une bonne dose d'astuce sont les qualités essentielles d'un bon reporter. Mais la plus importante est une sorte de sixième sens qui permet non pas de se trouver là où il faut au moment où il faut, mais de pressentir, d'une façon très générale, le dénouement à long terme d'une situation donnée. Familier du terrain, le reporter a souvent un coup d'avance sur les experts en géostratégie. Il a aussi une conscience aiguë des blessures physiques et psychiques causées par la guerre, et du ressentiment des survivants, terreau des guerres à venir.

On pourrait dire que la guerre, c'est long, c'est répétitif, on n'y comprend rien, à quoi bon continuer à raconter, prendre tous ces risques ? Car finalement, rien ne change.

Quand la guerre en Ukraine a commencé, je me suis moi-même posé la question : y aller encore, ou pas ? J'avais tellement l'impression d'avoir déjà vu le film… Et pourtant j'y suis allée.

Quand j'arrive sur le terrain, si la guerre n'y bat pas son plein en imposant sa cadence, je me promène souvent seule pendant une ou deux heures pour flairer les lieux. Je regarde attentivement les personnes que je croise et ce qu'elles font. Je cherche la petite histoire qui va raconter la grande – trouver le détail ou la personne qui rendra compréhensible à tous une situation complexe. Je n'ai aucune prétention ni à l'objectivité ni à l'exhaustivité.

Je me couche très tard et je me lève à 6 heures. Je suis tellement concentrée dès le matin que j'amuse beaucoup mes équipes. Quand je travaille, je ne pense à rien d'autre qu'au « produit » que je vais devoir livrer le soir même. J'évite de partager les angoisses qui m'assaillent. Je me mets littéralement à la place des gens, je me nourris de leur réalité et de leur quotidien. Je veux tellement traduire ce qu'ils endurent que je m'oublie complètement. Je n'existe plus, je deviens une autre. Cul-de-jatte à la place des culs-de-jatte, violée à la place des violées, grande brûlée à la place des grands brûlés.

Qui imagine que parfois, réaliser une minute trente de reportage diffusé entre la poire et le fromage peut me prendre plus de vingt-quatre heures, ronge mes nuits et mes jours ? Je veux que tout soit pensé, calibré, travaillé au millimètre près. L'urgence du terrain l'impose, le rendez-vous avec le satellite aussi. Les dossiers de presse me nourrissent, mes impressions de la journée me désaltèrent. Réaliser deux reportages par jour implique à la fois de ne pas se disperser et de s'adapter. Les JT de 13 heures, de 20 heures et du week-end sont trois éditions différentes qui n'ont pas la même place dans le quotidien des téléspectateurs. Je m'ajuste aux histoires, aux circonstances et aux sensibilités.

J'ai eu la chance de commencer à la télévision à l'époque où n'existaient ni le câble, ni la TNT, ni Internet, ni les réseaux sociaux. TF1 était la plus grande chaîne d'Europe et disposait de moyens qui semblent impensables aujourd'hui.

Le *20 heures* de TF1 rassemblait cinq à sept millions de téléspectateurs, près d'un dixième de la population française, offrant un accès et une légitimité extraordinaires aux équipes envoyées au bout du monde. Nos audiences parlaient d'elles-mêmes, si bien que je n'ai jamais souffert d'une quelconque pression pour arriver la première quelque part. Aucune culture du scoop. Il fallait juste être la meilleure.

Jusque dans les années 2000, nous partons à trois, voire quatre, sur les terrains d'actualités brûlantes. J'ai la chance de choisir mes équipes : caméraman, preneur de son, monteur. Il est rare que j'en change, je suis une fidèle et on ne dissout pas une équipe qui gagne. Sur le terrain, chacun a sa place et tous sont faciles à vivre.

Dans les zones de guerre, l'œil du caméraman a beau se faire le plus discret possible, les images sont d'une immense impudeur. Je l'ai écrit dans *Elles risquent leur vie*[1], les populations s'y exposent sans filtre. Hommes, femmes, enfants, nous capturons en vrac leurs blessures, leurs larmes, leur détresse, leur peur, leurs sourires. Ce n'est que sur la table de montage, miroir grossissant, que nous pouvons faire le tri. Je ne veux pas que la guerre se réduise à des images de carnage. Comprendre les nuances d'une situation en un seul plan est donc tout un art.

Le preneur de son a un rôle aussi fondamental. Avec sa perche, il capte des bruits, des dialogues, des atmosphères, une certaine musicalité qui donne de l'épaisseur à la réalité. Il permet de décoder certaines situations, d'ouvrir le champ des compréhensions.

1. Tallandier, 2019.

Avec mes monteurs, nous nous sommes toujours interdit la facilité. Des images épurées, un regard, en disent plus long et plus profond qu'une mare de sang. À la force du texte de faire entendre ce qui n'est pas montrable. Et le montage exige autant de subtilité que de précision. Nous disposons de peu de temps, il faut monter à la demi-seconde près.

Pour tous, sur le terrain face au danger, la règle est tacite : si l'un d'entre nous ne sent pas la situation, inutile de forcer le destin pour une image de plus.

Le fixeur, à la fois facilitateur, accompagnateur et interprète, nous protège, au risque de sa propre vie. Il nous guide sur le terrain qu'il connaît parfaitement, comme les protagonistes du conflit. Il fournit les bonnes infos et évite les pièges. Il se fait diplomate parce qu'il maîtrise la langue et la culture, point essentiel quand les choses s'enveniment. Au Kosovo, l'un de nos fixeurs, Ramadan, nous a sauvé la vie : nous étions poursuivis par des soldats de l'UÇK, l'armée de libération du Kosovo, qui croyaient à tort que nous les avions trahis.

Nous repartons, les fixeurs restent. Il leur arrive parfois d'être exposés aux représailles pour avoir collaboré avec « l'ennemi ». Ramadan et sa famille ont dû quitter la ville jusqu'à ce que les vrais coupables soient identifiés.

Les soirées sont longues et mornes dans les ruines et la pluie. Il faut évacuer les images de la journée et les risques pris. On a alors tous besoin d'humour, y compris de blagues potaches. Je me souviens d'une soirée crêpes qui a dégénéré en bataille de farine dans la maison de l'association Acted à Kaboul…

Le soir, je m'endors avec de la lecture. Je me fais faire des dossiers complets par mon amie archiviste, Fabienne. Dans la presse et les médias, on ne valorise pas assez le travail de ces femmes et hommes de l'ombre. Mais à l'heure d'Internet et des nouvelles technologies, beaucoup de métiers disparaissent. Aujourd'hui, pour optimiser les coûts, on demande au journaliste d'être un couteau suisse, de savoir tout faire : son, image, montage. Quelle que soit l'heure sur les chaînes d'info, quel que soit le conflit, le reporter doit être joignable et corvéable. Seul(e) et à disposition, voilà la charge physique et mentale des temps audiovisuels modernes. C'est un autre métier, mais qui attire heureusement toujours autant les nouvelles générations.

J'ai vécu entre le XXe et le XXIe siècle toutes les étapes de cette modernité. Nous sommes passés d'un matériel de deux cents à trois cents kilos à un ordinateur puis à un iPhone. Il a fallu s'adapter.

Auparavant, nous survolions les guerres en hélicoptère. Maintenant, les drones les survolent pour nous. C'est mieux pour l'image, la sécurité et la planète.

Nous avions deux rendez-vous essentiels par jour : le *13 heures* et le *20 heures*. À présent les chaînes d'info tournent en continu. Il est beaucoup plus difficile de trouver des angles originaux, d'avoir le temps d'un reportage plus riche qu'un simple micro-trottoir, *vox pop*, comme dit l'anglais.

Quand je devais faire un direct sur le terrain dès l'atterrissage, je n'avais souvent que cinq minutes pour m'informer. À présent, avec mon portable, je sais à peu près tout ce qui se passe à l'instant T.

Et que dire du GPS ? Il nous mène à l'endroit précis où nous avons rendez-vous, au fin fond d'un pays inconnu. C'est à double tranchant, car nous pouvons être identifiés, recherchés, traqués, par le même moyen. Avec tous les dangers que cela implique.

Avant Internet, quelqu'un qui était recherché dans un pays avait peu de chance d'être reconnu sur place.

Même la miniaturisation des antennes satellites intégrées aux téléphones évite de parcourir des dizaines de kilomètres pour trouver un faisceau. Et fini le stress des cassettes à cacher à la frontière ou à faire transiter en secret par les ambassades. Tout est envoyé en direct.

Savoir tout tout de suite n'aide malheureusement pas les populations à se comprendre, les préjugés à se dissiper, les haines à s'éteindre.

J'ai quitté TF1 il y a presque vingt ans et pourtant, très régulièrement, il arrive que l'on reconnaisse ma voix au restaurant, dans un taxi ou par téléphone. Cela me touche plus que n'importe quel autre compliment, plus que d'être reconnue dans la rue. Cela signifie que ma voix – très particulière, me dit-on – a porté, que mes paroles ont été écoutées et peut-être entendues.

Je me dis que j'ai su raconter, bien choisir le ton, l'écriture, l'approche. J'aimais l'idée de prendre le téléspectateur par la main pour l'emmener sur le terrain, lui donner à comprendre ce que les gens vivaient, lui faire suivre avec moi une histoire et une bribe d'Histoire en direct. J'ai voulu capter et restituer de petits morceaux d'humanité qui échappent aux clichés. Même si un reportage dans un journal télévisé est naturellement voué à l'éphémère – comme le dit le dicton anglais, « les nouvelles d'aujourd'hui sont l'emballage à poisson de demain » –, là est bien l'essentiel du métier.

Les téléspectateurs me faisaient confiance. Ils me suivaient depuis longtemps et croyaient en mon intégrité. Comme beaucoup d'autres journalistes, je ne confondais pas les paroles de spécialistes en médecine nucléaire avec des commérages de café du commerce.

Aujourd'hui, les lignes sont devenues nettement plus floues. Sur les réseaux sociaux, chacun exprime son opinion, la plus sensée comme la plus délirante. Anonymes, experts et trolls de propagande se partagent les mêmes tribunes virtuelles. Quelles sources méritent donc notre confiance dans le nouveau champ infini de l'information ? Quelle parole est crédible ?

Même si ce n'est pas nouveau dans la longue histoire de la propagande et du mensonge d'État, notre époque semble s'affranchir toujours davantage des faits. On y dément chaque jour l'impératif catégorique formulé par le sociologue américain Daniel Patrick Moynihan : « Vous avez droit à votre propre opinion, mais pas à vos propres faits. » Pour débattre, du moins dans le souci démocratique d'un monde et d'un bien communs, nous sommes supposés nous accorder un tant soit peu sur le réel et le factuel. La vérité des faits ne devrait pas être négociable : dans ce village, combien y a-t-il eu de morts ? de maisons détruites ? Il faut y être pour savoir.

Aujourd'hui, pour des raisons politiques ou financières, les nouvelles chaînes d'info, en France comme ailleurs, dérivent parfois vers la culture permanente de l'éditorial indigné, du clash en plateau et de l'émotion forcée. Le plus souvent à mille lieues des faits.

Pour ne pas se laisser aller à croire que la Terre est plate, il est plus que jamais temps de défendre notre métier. Notre présence reste une garante majeure de la réalité. Et donc de la démocratie.

Toute l'intelligence artificielle qui, nous promet-on, saura débusquer demain les infox et les *deep fakes*, ces vidéos truquées qui font dire n'importe quoi à n'importe qui, ne remplacera jamais un(e) journaliste sur le terrain qui fait son travail intelligemment, honnêtement et courageusement.

Aux jeunes de répondre à ces nouveaux défis.

29

L'après-TF1 : mes autres guerres

Après ma démission de TF1, plusieurs coups de téléphone redonnent très vite un sens à ma vie. Les nouvelles chaînes d'info me demandent de participer à leur création : France 24, BFM, France Info... J'accueille ces demandes avec plaisir, mais j'ai fait le tour de l'info en direct, des sujets d'une minute trente. J'ai besoin de temps long, de réflexion.

Je suis suffisamment jeune pour entamer un nouveau chapitre de vie. Je crée ma propre boîte de production, Ethic Prod. Ces documentaires-passions dont je rêve depuis longtemps, je vais enfin me les offrir !

Entre-temps, je suis contactée par Philippe Vilamitjana, directeur des programmes de France 5.

— J'ai un projet formidable à te proposer : *Conversation secrète* ! Une émission d'interviews sur fond très cinématographique. Du haut de gamme. Es-tu partante ?

Il me détaille son idée. Il s'agit de s'entretenir avec une personnalité venue du monde de l'art, de l'économie ou de la politique en déambulant dans les rues de Paris avec quatorze caméras cachées le long du parcours. On ne voit ni caméraman ni preneur de son, ce qui favorise les confidences. Une émission inspirée du film du même nom, le chef-d'œuvre de Francis Ford Coppola sorti en 1974.

— Ça m'emballe, Philippe. On commence quand ?

Le premier invité que j'interviewe, à l'automne 2006, est Dominique Strauss-Kahn, cinq ans avant l'affaire du Sofitel de New York. Je le connais à peine. Il est considéré comme le candidat idéal de la gauche aux prochaines présidentielles. La veille, je rencontre Anne Sinclair, une amie de TF1, pour qu'elle me dresse le portrait intime de son mari. Elle est volubile, elle me parle de la passion de « Dominique » pour les échecs, de ses nuits à travailler sur son ordinateur, de son amour de la politique. Elle l'aime. Mais je ne peux m'empêcher de lui mentionner la sortie quelques mois plus tôt de *Sexus Politicus*, un brûlot de Christophe Dubois et Christophe Deloire qui ont enquêté sur les rapports des hommes politiques avec les femmes. L'auteur y insiste sur les écarts, pour dire le moins, de DSK. Anne, habituellement très douce, me lance un regard noir.

— Marine, tu ne vas pas t'abaisser à colporter de tels ragots ! Si tu le fais, je pense que nous ne serons plus jamais amies.

Je la sens très atteinte. Comme je l'apprécie beaucoup, je suis face à un dilemme : en parler ou pas ? À ma place, je sais qu'Anne, en bonne professionnelle, ne manquerait pas d'aborder le sujet. Je vais donc essayer de le faire avec tact, par respect pour elle.

Le jour de notre promenade, DSK arrive avec un grand sourire et son conseiller en communication qui, la veille, m'avait appelée en me menaçant d'arrêter immédiatement l'interview s'il était question du livre.

Ma dernière grande interview politique française remonte à dix ans, avec Jacques Chirac. J'ai le trac sur ce nouveau terrain miné.

L'homme, assurément, a la cote : près de Sciences Po, nous croisons quelques étudiantes en pâmoison. Je lui pose de nombreuses questions politiques, économiques et sociales, auxquelles il répond avec beaucoup de finesse et d'intelligence. Arrivés à la fin du parcours, la question me brûle les lèvres :

— Un livre vient de sortir, qui s'intéresse à la vie privée des hommes politiques français. Est-ce que cela vous choque ?

— Je crois qu'il faut traiter cela par le mépris !

Je lui pose une autre question, qui sera coupée au montage sans mon accord :

— Il y est question de vos relations avec les femmes. Cela pourrait-il vous empêcher de briguer la présidence de la République ?

Je vois son directeur de communication foncer sur nous et DSK lui faire signe de s'arrêter. Il me répond avec beaucoup de malice :

— Est-ce que sa relation avec Monica Lewinsky a empêché Bill Clinton d'être un bon président ?

No comment.

Au fil des mois, j'aurai des invités aussi variés qu'Alain Juppé, Karl Lagerfeld, Lilian Thuram, Muriel Robin... L'émission enregistre de bonnes audiences, mais je suis déjà malade sans le savoir et je ne peux pas assumer une année de plus. Dommage.

En parallèle, Ethic Prod me procure beaucoup de liberté et de diversité. Je pars en 2007 tourner un documentaire sur le Liban avec mon amie Amal

Mogaizel, devenue grande réalisatrice. Nous couvrons une guerre civile de plus entre le Hezbollah et le gouvernement, dans ce Liban tant aimé où est née ma vocation de reporter de guerre et où la mort ne m'a pas attrapée...

Amal vit mal ce retour :

— Voir les militaires et les blindés un peu partout dans la ville me projette des années en arrière. J'espérais ne plus jamais revoir ça. Et réentendre « sunnite », « chiite », « chrétien », « juif », c'est un cauchemar. Comme si toute cette souffrance n'avait servi à rien. On accepte d'avoir souffert si on avance. Mais là, j'ai souffert et je recule.

Durant ce nouveau séjour, je suis frappée par un slogan inscrit sur les murs de Beyrouth : « *Je veux vivre* ». Un signe ? On vient de m'annoncer un cancer du côlon, il va falloir que je me batte. Le mot d'ordre des Libanais qui n'ont jamais baissé les bras m'inspire.

Il semblerait que mon corps appelle au secours. J'ai trop tu mon stress. Le cancer est grave, avec des ganglions métastasés.

J'ai souvent risqué ma vie, mais cette bataille, je n'y suis pas préparée. C'est une « autre guerre ». Heureusement, je fais un pari avec mon oncologue, Christophe Louvet. Lorsque je le rencontre pour la première fois dans son bureau, je remarque derrière lui une affiche qui m'est familière, la chaîne du Mont-Blanc. Cette photo guide ma première question :

— Dites-moi immédiatement la vérité sur mes chances de survie avec un cancer stade quatre et des métastases ! Le chirurgien me donne 40 % de chances. Quand je regarde le poster derrière vous, je me dis que vous pratiquez la montagne. Pouvez-vous m'affirmer que dans un an nous pourrons la parcourir ensemble ?

L'oncologue éclate de rire.

— Ah, toujours ces conneries de statistiques, ça m'énerve ! Ma réponse est claire : OUI ! Rendez-vous dans un an. Préparez vos crampons !

Opérations, douze chimiothérapies. Six mois de cauchemar, six mois de renaissance.

Le 14 juillet 2008, Christophe Louvet et moi sablons le champagne en haut de l'aiguille du Midi. Et la vie reprend.

J'enchaîne les documentaires. Je pars à Dubai finir celui que ma maladie a interrompu. Puis j'arpente comme productrice quelques autres terrains de conflits : le Yémen, la Syrie...

Mais on ne peut pas couvrir impunément les guerres toute sa vie. Après plus de vingt-cinq ans, je suis lasse de la répétition des affrontements qui bégaient sans fin, des dizaines de milliers de victimes civiles pour rien, encore et encore.

Si mon départ de TF1 a été brutal, il a été salutaire. Il m'a permis de me réinventer, de découvrir le monde de la production, de travailler pour France 5 ou pour Arte, de faire de mes passions de longs documentaires de quatre-vingt-dix minutes : *Objectif Mont-Blanc*, *Opération Lune : l'épave cachée du Roi-Soleil*, *Parfum*...

Depuis quelques années, je me tourne vers le cinéma, les séries, la BD. Et ce livre. De nouveaux champs des possibles... Tout est ouvert.

* * *

5 décembre 2019

Soyons honnêtes, ce qui suit est un peu mégalo. Je l'assume.

Moi qui ne suis jamais allée chercher ma médaille de chevalier de l'ordre national du Mérite en mai 1997, j'accepte avec fierté de recevoir le prix de l'Excellence française aux Invalides en 2019. Pourquoi ? Le général François Lecointre, chef d'état-major des armées, a été désigné pour me le remettre. Un honneur jubilatoire que confirme son discours improvisé :

— Vous avez toujours été sur des théâtres d'opérations très variés comme nous, au Liban, en Somalie, au Rwanda et ailleurs. Et vous avez toujours su faire preuve d'un exceptionnel courage en étant une des premières femmes grands reporters correspondantes de guerre. Au-delà du talent de journaliste, c'est la très grande sensibilité qui est la vôtre, cette capacité que vous avez à percevoir, au-delà des faits, la profondeur des choses et l'humanité des situations que je salue aujourd'hui.

En me tendant le prix, il ajoute :

— Vous êtes vraiment des nôtres, chère madame !

Que de chemin parcouru pour moi depuis la première guerre du Golfe, en 1990, quand la Grande Muette me refusait l'accès à la ligne de front ! Mon travail et cette « humanité » dont certains se moquaient mis à l'honneur par le plus haut gradé de l'armée française. Et aux Invalides, de surcroît ! Je savoure.

* * *

Arrive la pandémie. À la une du *Monde*, le discours du président Macron : « Nous sommes en guerre ! » Celle-là, je la couvre en enquêtant dans les hôpitaux de Paris. Tant de souffrance dans mon pays, en temps de paix, je ne m'y attendais pas.

Quand le ciel s'éclaircit, les frontières s'ouvrent. Pour la nomade que je suis, une délivrance.

J'ai fait mon sac mille fois. Je le refais toujours, mais pour voir d'autres régions du monde. Laponie, pays Baltes, Inde ou Brésil, mes sens restent en alerte, apaisés mais toujours aguerris.

Je vole. Libre.

Seconde partie

Épopée d'un hôpital

« Il faudrait comprendre que les choses sont sans espoir et pourtant être décidé à tout faire pour les changer. »

Francis Scott Fitzgerald

1

Les yeux bandés : négociations secrètes

Juin 2004

Les yeux bandés, j'avance à l'aveuglette.

Cette fois, plus le choix, il me faut coopérer. Le taliban resserre le bandeau par-dessus mon voile, un autre me tient par le bras pour me conduire vers le pick-up. Mon traducteur est à mes côtés. Je garde mon calme. J'ai laissé derrière moi les militaires français en faction devant leur VAB (véhicule de l'avant blindé). Trois véhicules et dix-huit hommes nous ont conduits jusqu'ici, loin de Kaboul.

Sous l'étoffe, je cherche à reprendre mon souffle. Mon bandeau sur les yeux, j'esquisse un pas et tends les bras. « C'est le moment de vérité », me dit ma voix intérieure. Je suis aux mains des talibans, sans défense.

Je relève mon foulard pour me dégager le nez et mieux respirer. J'entends un talkie-walkie donner le signal du départ.

À mes côtés, je sens le genou de Nour, mon traducteur, qui tremble. J'éprouve un drôle de sentiment mais je me dis que les islamistes afghans ne s'en sont jamais pris directement aux journalistes ou aux reporters étrangers. C'est leur population qu'ils terrorisent au quotidien. Pas question pour moi de faiblir, il faut assurer.

Je prends de tels risques dans un but bien précis. Nous sommes en 2004, je me suis engagée avec Muriel Robin dans la construction d'un hôpital à Kaboul. Les talibans, affaiblis, sont réfugiés dans les provinces pachtounes, sur la frontière avec le Pakistan. Alors qu'ils mènent depuis leur défaite une campagne d'attentats, principalement à Kaboul, il me faut les convaincre d'épargner l'hôpital que nous sommes en train de construire.

Tout a commencé trois ans auparavant, à New York.

2

Le 11 Septembre : effet papillon

11 septembre 2001

Il est quinze heures dans une pizzeria de la Canebière, à Marseille. Mon équipe et moi finissons de déjeuner. Au fond de la salle, sur une étagère en hauteur, trône un petit poste de télévision des années 1970.

Sur l'écran, sans le son, des images apocalyptiques tournent en boucle. Une tour en feu et un avion qui s'encastre dans une autre tour. Je reconnais immédiatement le World Trade Center.

— Les garçons, ce qu'on regarde, là, ça ne peut pas être une fiction ?

Je n'en crois pas mes yeux. Le restaurateur accourt pour mettre le son. À Marseille, près du port, nous découvrons le drame qui inaugure le XXIe siècle.

J'ai bien entendu mon téléphone sonner plusieurs fois. Maintenant je comprends pourquoi.

Hier soir, après la conférence de 20 heures, il a été décidé, contre toute logique, de m'envoyer couvrir les feux de forêt dans le sud de la France. Ce n'est plus du tout mon domaine depuis longtemps, mais soit. Cela fait deux ans que les humiliations ont commencé. Au lieu de protester, je me dis qu'une bonne bouillabaisse sur le port en temps de paix, cela ne se refuse pas. Nous partons à l'aube. Sur le terrain, pas plus de neige que d'incendie. J'appelle Jean-Pierre Pernaut pour son *Journal de 13 heures.*

— Marine, t'es où ?

— À Marseille.

— Qu'est-ce que tu fous là-bas ?

— Je couvre les feux de forêt, mais je ne les trouve pas.

Je rigole. Lui aussi.

— Mais ils sont éteints depuis hier ! Qui t'a envoyée là-bas ?

— *No comment.*

— Mange une bouillabaisse à ma santé !

À ce moment-là, tout est encore calme dans le monde.

Dans la pizzeria (pas de bouillabaisse), il est 15 heures lorsque l'on me demande de rentrer en urgence. J'atterris à Paris à 18 h 30, la rédaction m'a dépêché une moto. Il est 19 h 15 quand j'arrive à TF1. Tous les sujets d'ouverture du journal ont déjà été distribués. Je rejoins Isabelle Marque qui a monté à la hâte un portrait d'Oussama Ben Laden. Elle sait que je connais bien le dossier. Je vais devoir écrire le commentaire fissa et le lire en direct.

Les États-Unis attaqués sur leur sol en plein Manhattan ? L'information est explosive, sans mauvais jeu de mots. C'est la première fois que je vois une telle effervescence dans la rédaction. Ça court dans tous les sens. Et dans ma tête je prépare déjà ma valise pour l'Afghanistan.

Il est 21 h 30. Le débriefing du *Journal de 20 heures*, pour une fois, affiche complet. Entre ceux qui partent et ceux qui restent, il est question de l'organisation pour les jours à venir, qui s'annoncent lourds. Dans le brouhaha et le brouillard des questions qui se posent à nous, une m'intéresse particulièrement : où se trouve Ben Laden ? Toujours dans ses montagnes afghanes ? Cela m'étonnerait. Il sait bien que le pays où il entraîne ses combattants depuis des années sera frappé en premier.

Mon nom arrive sur le tapis.

— Marine, tu pars à Beyrouth.

— Quoi ? Mais pourquoi aller au Liban ?

— Tu ne discutes pas, tu pars demain matin. Ton avion est déjà réservé.

J'interroge du regard les collègues qui m'entourent. Pas de réponse. Chacun fait l'autruche. Je me lance :

— Non, je n'ai aucune raison d'aller à Beyrouth. Je ne vois pas ce que j'y ferais. Il faut aller tout de suite à Peshawar.

Il s'adresse à ma voisine, Corinne Lalo :

— Corinne, comme Marine fait la fine bouche, tu la remplaces !

Très étonnée, celle-ci accepte la proposition : travaillant pour les informations générales, elle part rarement à l'étranger. Pour l'anecdote, elle et son équipe rentreront vingt-quatre heures plus tard, il n'y avait vraiment rien à faire à Beyrouth…

Le lendemain, Claude Carré, rédacteur en chef du matin, m'interpelle :

— Qu'est-ce que tu fais là, Marine ? Pas encore à Peshawar ?

Comment lui dire que je n'ai pas dormi de la nuit ? J'ai passé beaucoup de coups de fil. Tous les copains sont déjà en partance. Je suis évincée depuis de longs mois des unes de l'actualité. À présent, on m'interdit de m'impliquer sur mes propres dossiers. Je botte en touche :

— Je crois qu'il y a eu maldonne hier soir. Quelqu'un a peut-être confondu « l'État-Liban » et les talibans ! Toujours est-il que personne ne m'a proposé d'aller au Pakistan. Je pars quand tu veux.

— Bien sûr ! File faire ta valise.

J'arrive à l'hôtel Pearl de Peshawar vingt-quatre heures plus tard. Toute la presse internationale est là. Personne n'a encore pu obtenir de visa pour l'Afghanistan, les frontières sont fermées. Un journaliste plutôt corpulent de la BBC, John Simpson, décide d'enfiler une burqa pour passer la frontière. Je trouve le déguisement un peu hasardeux, mais nous apprenons quelques heures plus tard qu'il a réussi. La frontière n'est donc pas infranchissable, une dizaine de journalistes s'y engouffrent de la même manière. Je propose à mon patron de faire comme eux et de passer en Afghanistan.

— Ce n'est pas la peine de prendre des risques en allant là-bas. Je viens d'acheter un reportage formidable au producteur Tony Comiti. Tout y est, avec une interview de Ben Laden.

— OK. Très bien.

Je raccroche, très remontée. Je connais bien Tony et cette fameuse interview de Ben Laden qu'il a intelligemment récupérée et vendue à TF1 à prix d'or. Il y a quelques années, Ben Laden avait décidé de parler contre rétribution à une poignée de journalistes. J'étais sur cette liste de privilégiés, parce que je travaillais depuis des années avec Rahimullah Yusufzai, directeur du journal pakistanais *The News of Peshawar*. L'interview coûtait, je crois me souvenir, 5 000 dollars. Rappelons que TF1, à l'époque, était la première chaîne européenne. Réponse de la direction :

— Tu nous casses les pieds avec tes talibans et tes talibanes ! Tout le monde s'en fout !

À la décharge de mes patrons, Ben Laden n'était pas encore l'ennemi public numéro un, peu de gens avaient entendu parler de lui.

21 octobre 2001

Quinze jours après la guerre du ciel déclarée par George W. Bush, nous filmons un camp d'Afghans réfugiés au Pakistan.

Les boules de glaise pèsent près de deux kilos, l'effort est surhumain pour le petit garçon. Chokouroula a quatre ans, il est 6 heures du matin. Comme pour tous les ouvriers de la briqueterie d'Atchahar, sa journée commence. Le regardant, je revois des centaines d'autres petits visages, de petits corps exposés aux travaux forcés, un esclavage moderne.

Je suis Chokouroula toute la journée, douze heures au même rythme. Avec son père, ses frères et ses sœurs, il doit produire mille briques par jour pour cent roupies, moins de deux euros. Juste de quoi survivre. Les enfants, ici, représentent près de 80 % des travailleurs. Arrivés d'Afghanistan totalement démunis, leurs parents ont été achetés par de riches entrepreneurs. Les familles ne possèdent rien, même pas les lits sur lesquels elles dorment. Elles passent leur vie à rembourser. Le père s'écrie :

— J'en veux beaucoup à Dieu, rien qu'à Dieu. Je pensais que ma croyance allait alléger la souffrance, mais il nous a oubliés.

Du thé, du pain, c'est la seule nourriture abordable. Une petite fille, Aniroul, arrive pour le petit déjeuner. Sa sœur, Malala, nous explique :

— Elle a très mal ces jours-ci, sa gorge est enflée. Peut-être un abcès. Elle m'inquiète. On dort ensemble, mais elle a beaucoup de fièvre et elle pleure toutes les nuits.

Je les regarde rouler cette pâte gluante depuis des heures avec leurs petites mains si fragiles. Comment le monde, en ce début de IIIe millénaire, peut-il encore fermer les yeux sur cette barbarie ?

La poussière que ces enfants inhalent provoque de nombreuses affections, surtout respiratoires. Nous suivons un petit dur qui ne montre aucun signe de fragilité. Son rôle est de s'occuper des chevaux qui transportent les briques. Et il n'aime pas être dérangé :

— Arrêtez de me suivre, sinon, je vais vous fouetter comme mes chevaux !

Dans un autre trou, Zalmaï et les siens. À Kaboul, l'homme était maître d'école. Nous l'interrogeons sur les moyens de mettre un terme à cet esclavage des enfants.

— Mon rêve serait de créer une école, mais il n'y a pas d'argent. Alors tous les matins, je baisse la tête et je ne la relève que lorsque la nuit tombe. Ça m'évite de voir la réalité.

Les images de ces petites vies croisées nous dévastent, mais la pauvreté de ces gens et la cupidité des négriers qui les exploitent rendent la lutte illusoire. Un quart d'heure pour déjeuner : Laziza et son frère disent qu'ils préféreraient du riz et des gâteaux.

— J'aimerais aussi jouer à la poupée comme les autres enfants, mais je sais que c'est impossible.

Le soleil décline, les tapis de brique sont à la bonne taille. La journée s'achève pour Malala. À treize ans, elle est déjà responsable de famille.

— J'ai mal aux mains, au dos, mais ce n'est pas ça le plus grave. J'ai peur pour ma sœur. Il n'y a aucune lumière dans cette vie.

Cette phrase, ses yeux noirs qui fixent la caméra pour dénoncer l'injustice, c'est comme un coup de couteau en plein cœur. Il faut que je m'occupe d'elle et de sa petite sœur. Peut-être l'emmener à l'hôpital pour la faire ausculter ?

Le père ne se laisse pas distraire :

— Vous croyez que j'ai le temps d'avoir des états d'âme ? Ici, on ne se pose pas de questions. On n'a même plus de sentiments. On avance brique après brique.

Pour Chokouroula, c'est l'heure de la délivrance. Sagement, les enfants suivent le père vers leur maison. Dans ce monde où rien de léger ne les attend, ils vont dormir sans penser à demain.

La petite fille mourra quelques jours plus tard malgré les soins prodigués à l'hôpital.

Ce soir-là, en quittant le camp, je me dis que ce reportage va frapper les esprits des Français. Impossible de ne pas répondre à un appel si angoissé.

J'espère que certains téléspectateurs contacteront le standard pour demander comment aider ces enfants. Cela arrive parfois. Il faut que je pense à donner aux standardistes de TF1 une adresse d'association. Médecins sans frontières ? La Croix-Rouge internationale ?

Début novembre 2001

En fin de matinée, je reçois un appel :

— Bonjour Marine, c'est Muriel Robin à l'appareil. J'ai vu votre reportage sur le travail forcé des enfants. Cela m'a bouleversée, révoltée. Claire Chazal m'a donné votre numéro de téléphone. Ma question est très directe : qu'est-ce qu'on peut faire ?

Je lui réponds sans réfléchir :

— Un hôpital.

En une fraction de seconde, tout revient dans ma tête. Iqbal que je n'ai pas pu sauver. Mohammed et ses larmes devant les ruines de l'hôpital Ali-Abad. Et tous ceux que j'ai laissés derrière moi sans pouvoir les aider. Aujourd'hui, cette femme me tend la main. Je vais honorer la promesse que je me suis faite. Enfin.

Sans percevoir toutes les émotions qui me traversent, Muriel éclate de rire et lance comme une flèche :

— Et pourquoi pas ? Voyons-nous.

Pourquoi ce reportage plutôt que les autres ? Parce que c'est la goutte de trop ? Ce qui est sûr est qu'il apporte la réponse que j'attends depuis si longtemps : agir, enfin !

Je ne connais pas personnellement Muriel Robin. Je sais qu'elle fait rire la France, et ça me plaît. À sa voix, je sens la force de son engagement. Je comprends que l'impossible est à notre portée. Tout va aller très vite : en moins de dix jours, Françoise Monard, une amie investie dans l'humanitaire, nous aide à monter notre association, Hôpital Enfants afghans, pour commencer la récolte de fonds. La popularité de Muriel et ma crédibilité journalistique nous ouvrent les portes du CAC 40. Muriel m'a donné des ailes, je m'autorise toutes les audaces.

Je fais le tour de mon carnet d'adresses : quels gens riches et puissants pourraient m'aider dans ce projet pharaonique ? J'ai la chance que TF1 appartienne au géant du bâtiment Bouygues. Je prends contact avec Martin Bouygues, que j'ai déjà croisé à plusieurs reprises. Je lui ai parlé il y a quelques mois d'un projet beaucoup plus modeste : construire un dispensaire. Il m'a très vite fait parvenir une aide substantielle dont j'ai fait bénéficier la Croix-Rouge pour le projet de mon mentor Alberto Cairo, une structure pour enfants handicapés. Je lui dis :

— J'ai un nouveau projet, construire un hôpital pour enfants à Kaboul. Pouvez-vous m'aider ?

— Un hôpital ? Pas facile ! Il faut une vraie ambition, mais je crois en vous.

Quelques jours plus tard, je reçois un chèque avec tellement de zéros que je le rappelle, croyant qu'il s'est trompé.

— Marine, je vous donne un an pour rassembler l'argent, choisir une équipe médicale et je vous construirai un hôpital à prix coûtant.

S'il avait été à mes côtés, je lui aurais sauté au cou. TF1 m'apparaît sous un jour nouveau. Dans les couloirs, plusieurs têtes d'affiche me proposent spontanément leur aide. Je découvre sur mon lieu de travail une fraternité que j'avais oubliée.

Auréolée de cette nouvelle mission, je rencontre Bernard Kouchner, pensant naïvement pouvoir compter sur son expérience dans l'humanitaire. Je lui expose le projet :

— Comme vous le savez, le taux de mortalité infantile en Afghanistan est énorme. Un enfant sur cinq ne dépasse pas l'âge de cinq ans, des chiffres parmi les plus élevés du monde. Le système de santé a été totalement détruit par vingt-trois années de guerre. Ce projet d'hôpital vise...

Il me coupe la parole :

— Excusez-moi, ma chère Marine, mais pour un hôpital, il faut être spécialiste dans le domaine !

— C'est bien pourquoi, monsieur le ministre, je vous sollicite...

— Pardonnez-moi de vous dire que des projets comme le vôtre, on m'en propose quinze à la douzaine. Soyez sérieuse ! Cette idée, c'est encore une lubie de journaliste qui cherche à se faire valoir, non ?

Je suis abasourdie, mais je ne me laisse pas déstabiliser par ce mépris. Je trouverai toute seule d'autres partenaires.

Je contacte Médecins sans frontières, Care, etc. À chaque fois, j'explique l'idée que m'a soufflée Alberto Cairo. Il a repéré deux pathologies infantiles majeures à Kaboul : « la maladie bleue », une cardiopathie congénitale, et les handicaps dus principalement aux mines. Françoise Monard m'oriente vers la Chaîne de l'espoir et me propose de rencontrer son président, le chirurgien Alain Deloche. Ça tombe bien, le cœur est son domaine.

— Votre projet m'intéresse. Avec mon collègue Éric Cheysson, nous cherchions à coopérer avec l'Afghanistan. Nous y sommes déjà allés dans les années 1980 avec les French Doctors.

Xavier Couture, directeur de l'antenne à TF1, prend aussi l'affaire au sérieux. Très réactif, il organise une réunion avec Muriel, la Chaîne de l'espoir et moi pour définir ensemble les objectifs de notre communication.

— Vous avez une structure. Les fonds commencent à arriver. Marine, nous allons faire un montage d'extraits de tes reportages choisis pour frapper l'opinion. Accompagné d'un spot pour alerter les Français sur l'urgence d'agir, avec une guerre qui recommence et des structures hospitalières inexistantes.

Le chirurgien Éric Cheysson nous a présenté une Afghane qui travaille avec lui, Nilab Mobarez. Elle restera un temps avec nous.

Xavier Couture persuade toutes les chaînes de passer régulièrement nos spots jusqu'à la fin de l'année. L'opinion publique, toutes les radios, toutes les télés nous suivent. C'est inédit, du jamais fait. Je suis surprise de cet engouement et reconnaissante envers tous mes confrères de nous soutenir inconditionnellement.

Avec le recul, je sais que si nous devions lancer un tel projet aujourd'hui, la compassion et l'engagement ne seraient pas les mêmes. Les attentats qui ont touché la France et l'Europe depuis *Charlie Hebdo* ont changé bien des regards sur l'Afghanistan qui pourtant, aujourd'hui encore, se bat contre ses démons.

Fin 2001, la France, encore bouleversée par les attentats du 11 septembre, ne comprend pas pourquoi George W. Bush déclare la guerre à tout un pays en représailles des actions d'une poignée de terroristes. Les images des frappes sur les civils choquent, les Français s'indignent de cette vengeance aveugle et se sentent immédiatement concernés par notre appel aux dons. Les chèques affluent par milliers. Muriel et moi voyons l'efficacité de notre tandem. Notre projet prend corps.

L'approche des fêtes de fin d'année me fait croire aux miracles. J'ai l'impression de récolter des étoiles les unes après les autres. Je trouve enfin un sens à ma vie de reporter, moi qui étais avant cela éternelle spectatrice de la guerre et du malheur.

3

Les Chirac : aide au sommet

Janvier 2002

Mon appartement est en travaux, j'habite alors chez une amie, Linda Pinto, qui avec son frère Alberto, architecte d'intérieur, est chargée de la nouvelle décoration du palais de l'Élysée. Ce jour-là, elle déjeune avec Bernadette Chirac et m'invite à les rejoindre pour le café. La première dame me dit :

— Nous parlions avec Linda du projet que Muriel Robin et vous portez pour Kaboul. Mon mari et moi suivons votre initiative avec grand intérêt. Me feriez-vous l'honneur de venir prochainement déjeuner avec nous à l'Élysée ?

Ce projet est en train de dépasser mes rêves les plus fous. Quelques jours plus tard, je suis reçue par Jacques et Bernadette Chirac. Je sens le président très curieux de cette initiative dans un pays en guerre, mais qui lui semble terriblement risquée. Je le rassure :

— Maintenant que les talibans ne sont plus au pouvoir et que la force internationale est dans le pays, le niveau de risque a nettement baissé. Pour moi, c'est le bon projet au bon moment au bon endroit, sur les ruines de l'ancien hôpital français de

Kaboul, construit il y a longtemps par les Hospices de Lyon !

Chirac va droit au but :

— Quels sont vos soutiens politiques en France actuellement ?

— Pour vous dire la vérité, monsieur le président, je ne m'en suis pas préoccupée. Votre soutien me rassure.

— Nous voulons vous aider, Marine. Soyez-en assurée !

Bernadette renchérit :

— Je viendrai poser la première pierre avec vous.

— À Kaboul ?

— Oui, Marine, c'est une promesse.

Le président la coupe avec un sourire malicieux :

— Nous verrons cela, Bernadette ! Ne vous emballez pas si vite !

— J'irai, Jacques ! Ne vous en mêlez pas. C'est une promesse que je fais à Marine !

J'ai l'impression d'être avec mes parents lorsque mon père essaie vainement d'affirmer son autorité.

L'aide du couple Chirac est capitale. À ce moment-là, malgré l'engagement majeur de Muriel Robin et de Martin Bouygues, je suis encore dans le doute. Comme me l'a dit Kouchner, un hôpital, ce n'est pas qu'une affaire de dons et de représentation. La Chaîne de l'espoir a-t-elle les reins assez solides pour nous accompagner dans un tel projet ? Je commence à réaliser la folie de la chose. Et je supporterais mal l'échec.

4

Muriel Robin : mon bulldozer

Printemps 2002

— Allô, Marine, tu es prête ? Tu as mis ton jean et un haut à paillettes ? Je te cueille dans vingt minutes !

Depuis le début du projet, Muriel, qui joue au théâtre, ne prend pas le temps de dîner. Comme un métronome, elle passe me prendre vers 22 h 30 pour ce que nous nommons nos « soirées tiroir-caisse. » Le principe ? Pas moins de 25 000 euros pour la présence de notre tandem dans des boîtes de nuit qui nous accueillent. Puissance de la médiatisation, nous sommes devenues en quelques semaines un duo de choc.

Lorsqu'on lui pose une question bateau sur la misère du monde, au lieu de tomber dans les clichés misérabilistes, elle rejoue pour mon plus grand plaisir un des grands moments de son sketch « Le salon de coiffure » :

— C'est mal foutu, je le dis tous les jours... Nous, on gaspille, et eux ils manquent ! Je vois rien qu'hier, vous allez me dire « Ça n'a rien à voir », mais si quand même, hier, j'ai jeté du gratin de pâtes ! Bien sûr, ça fait mal au cœur de jeter, mais bon, je vais pas non plus leur envoyer mon gratin de pâtes par la Poste !

Par l'ellipse et l'humour, tout est dit, rien ne sert de pleurnicher, ensemble, nous agissons.

Muriel sollicite régulièrement la présence de ses amis pour soutenir notre « effort de guerre ». Les habitués, les jet-setters, les stars du cinéma et de la chanson, et tous ceux qui s'offrent dans ces soirées privées des bouteilles au prix du smic, mettent la main au portefeuille dès qu'elle fait une blague.

Elle est en représentation pour une cause qui décuple son énergie, son sens de la repartie. Avec elle, c'est un plaisir de passer deux heures dans ces clubs parisiens en échange de l'équivalent de dix opérations du cœur à Kaboul.

Lors de ces soirées que je découvre et où je détonne, le rôle d'experte internationale que l'on me donne m'amuse beaucoup. Davantage femme de terrain qu'éditorialiste, je me prête au jeu sans oublier de raconter en détail ce que vivent ces populations à longueur de guerres.

Dès que les premiers dons arrivent, les réunions de travail peuvent commencer. Nous prenons l'habitude de nous retrouver tous les mercredis à l'hôpital Broussais, Muriel, Roger Aujames notre trésorier, Françoise Monard, le professeur Deloche et son bras droit, Éric Cheysson et moi.

Cette récolte de fonds très productive va durer de longs mois. Nous ne nous contentons pas de monnayer notre présence dans les soirées privées, la créativité de Muriel n'a pas de limite : match de foot caritatif au Parc des Princes avec des personnalités du showbiz, vente aux enchères d'une Smart

Lalique décorée de deux mille fleurs sculptées à la main... Muriel vend notre projet comme un colporteur. À chaque fois qu'elle fait la promo de son actualité artistique, elle me demande de l'accompagner pour qu'ensemble nous parlions de *notre* progéniture. Nous nous affichons sur tous les plateaux : Drucker, Fogiel, Sébastien, Arthur, les journaux télévisés, *20 heures*, *13 heures*, toutes les chaînes, leurs présentateurs et leurs animateurs jouent le jeu. Plus les radios, les journaux, les magazines. Je suis rassurée par cette confraternité qui dure... c'est inédit.

Muriel ne recule devant aucun obstacle. Sa force herculéenne soulèverait les montagnes afghanes. Un rouleau compresseur, un bulldozer. Son énergie contagieuse me porte. Malgré les embûches et la fatigue, jamais nous ne remettrons en question notre projet.

— Marine, toi qui surveilles les comptes de près, est-ce que nos efforts ont payé ?

— Ça commence à faire pas mal. Au tour du million d'euros et demi. C'est dingue, les gosses cassent leur tirelire, les retraités aussi. Par dix, quinze, vingt euros ! Il va falloir les remercier.

Dans nos réunions hebdomadaires avec la Chaîne de l'espoir, Éric Cheysson manifeste en permanence ses inquiétudes, ce qui a le don de nous énerver :

— Vous nous avez entraînés dans un projet qui nous dépasse. Vous êtes inconscientes ! On n'aurait jamais dû vous suivre ! Là, par exemple, il manque 500 000 euros ! Où allez-vous trouver cet argent ?

Dans son livre *Fragile*, Muriel se souvient de la réponse qu'elle lui fait à chaque fois qu'il doute de nous :

— 500 000 euros ? C'est notre problème, à Marine et à moi. Ça ne doit pas être un souci pour vous.

Faites comme s'ils étaient déjà là. Allez, on avance, on avance !

Lors d'une autre réunion, elle enfonce le clou :

— En partant de rien, comme c'est notre cas, il faut théoriquement dix ans pour construire de toute pièce un hôpital à l'autre bout du monde. Dix ans, c'est hors de question ! Les gosses de Kaboul ne vont pas attendre si longtemps. On va diviser le truc en deux et se donner cinq ans maximum. D'accord[1] ?

Une nouvelle étoile nous accompagne : Clarins me décerne en 2002 son « prix de la femme dynamisante », une distinction qui récompense chaque année une femme et son projet humanitaire. Loin d'être une opération marketing bidon, le prix finance et accompagne des actions sur de longues années. Je suis touchée de succéder à une grande dame avec laquelle je deviendrai amie : sœur Emmanuelle. Et depuis 2002 l'hôpital peut compter sur les subventions annuelles de Clarins.

Fortes de toutes ces rencontres et de notre détermination, Muriel et moi parvenons à lever plus de deux millions d'euros. Tout enjouée, j'en informe Martin Bouygues, qui me répond :

— Chère Marine, bravo ! Quelle énergie ! Malheureusement, c'est encore trop peu pour attaquer la construction. Je fixe la barre à cinq millions. Et pour vous donner du courage, j'ajoute un million dès aujourd'hui en mon nom propre. Encore un effort, ma promesse tient toujours. C'est Bouygues qui construira votre hôpital, aux normes occidentales.

Toutes les planètes sont alignées.

1. XO Éditions, 2018.

5

Michèle Alliot-Marie : le cœur de l'armée

Printemps 2003

L'argent manque encore. Dans les réunions hebdomadaires d'Enfants afghans, se pose régulièrement la même question : comment financer l'étape suivante ? Je me souviens qu'un soldat à Kaboul m'a parlé d'avions militaires qui pourraient nous aider à acheminer les matériaux lourds.

Décontractée, décomplexée, désinhibée, je considère qu'aucune porte ne m'est inaccessible. Elles s'ouvrent les unes après les autres, je ne m'en étonne qu'à peine : il s'agit de sauver des vies. Je téléphone donc au service de presse de Michèle Alliot-Marie.

— Je voudrais rencontrer madame la ministre le plus vite possible. Nous avons un besoin crucial de l'aide logistique de l'armée. Vous avez peut-être entendu parler de l'hôpital que nous construisons à Kaboul ? La première pierre sera bientôt posée et il nous faut transporter des tonnes de matériaux pour la construction et de matériel médical.

— Aucun problème. Je pense qu'elle va être ravie de participer à ce projet. Je crois qu'elle vous accordera rapidement un entretien.

Le lendemain matin, à 9 heures, je suis face à la ministre de la Défense, qui m'accueille très chaleureusement.

— Je suis votre projet depuis le début avec beaucoup d'intérêt. Une magnifique initiative. L'armée répondra présente. À chaque rotation de nos troupes, dans la mesure de la disponibilité, nous réserverons une place importante à tous vos besoins.

C'est ainsi que, grâce au soutien indéfectible de la ministre, des tonnes de matériel seront transportées pendant des années de Paris à Kaboul.

Mes relations avec les militaires français, sans manipulation ni propagande, sont à la fois efficaces et instructives. La réalité des terrains de guerre nous rapproche, eux qui y combattent, moi qui en témoigne.

En Afghanistan, l'action de nos soldats est différente de celles des marines. Engagés au sein de la force internationale pour le maintien de la paix, les Français combattent les hommes d'Al-Qaïda en s'efforçant de ne pas perdre le soutien des populations locales. La culture de l'armée française est unique, avec une longue tradition des outre-mer et une profonde remise en question depuis les exactions de la guerre d'Algérie. En plus de protéger les populations, nos soldats ont appris à aller vers elles et à dialoguer avec elles, ils se montrent attentionnés et concernés. Nous nous respectons mutuellement.

Je les suis régulièrement dans cette vallée maudite mais stratégique de la Kapissa, axe de passage entre Kaboul et le Pakistan où chaque jour ils côtoient la mort. Je me sens très touchée à chaque soldat tombé.

Nous partageons le sens de l'engagement et le goût de la fraternité.

Mais malgré l'intervention de Michèle Alliot-Marie et de Bernadette Chirac, le gouvernement ne met pour l'instant aucun fonds à notre disposition.

Je retente ma chance auprès d'un autre ministre avec une nouvelle demande : délivrer des visas au personnel médical afghan pour qu'il se forme en France dans nos CHU.

Michel Barnier, nouveau ministre des Affaires étrangères, m'accorde rapidement un rendez-vous et le même accueil bienveillant que Michèle Alliot-Marie. Avec enthousiasme, il permet aux équipes afghanes de profiter du savoir-faire de nos personnels hospitaliers, ce qui se révèle essentiel pour la mission de transmission que nous avons avec la Chaîne de l'espoir.

6

Première pierre et sortie de piste

Mai 2003

Deuxième guerre du Golfe. Je suis avec toutes les équipes de télévision française sur le toit de notre hôtel à Bagdad. Nous préparons nos directs pour les journaux de 20 heures quand j'entends :

— Un appel de Chirac pour Marine, la star !

Quelques blagues autour de moi. Des rires fusent. Que s'imaginent-ils, ces machos ? Je suis quand même surprise et gênée que le président m'appelle en personne.

Au téléphone, Jacques Chirac me dit :

— Martin Bouygues nous a fait savoir que vous aviez réuni assez de fonds pour commencer la construction de votre hôpital. La pose de la première pierre est imminente. Vu la promesse que vous a faite Bernadette, vous partirez ensemble. Le départ pour Kaboul est prévu dans quatre jours. Rendez-vous après-demain à l'Élysée pour revoir le dispositif. Votre patron est au courant.

Le régime des talibans a beau être tombé, le danger est toujours présent. Je trouve très courageux que la première dame tienne parole.

Voilà plusieurs semaines que je suis en Irak, et les reportages s'enchaînent. J'arrive épuisée au rendez-vous avec les hommes du président. Le voyage, organisé par l'armée, doit rester secret. Je regarde la liste des invités : Martin Bouygues, la presse, la Chaîne de l'espoir, quelques politiques. Tout est prêt, mais manque une invitée de choix : Muriel Robin, retenue au théâtre, reste à Paris.

En sortant du bureau, je ne me sens pas bien. La fatigue, le trou noir.

J'ouvre les yeux. Où suis-je ? Je vois Bernadette Chirac et des blouses blanches penchées sur moi. J'ai la tête qui tourne.

— Que se passe-t-il ?

— Oh, ma petite Marine, j'ai tellement eu peur ! Nous avons cru vous perdre ! s'exclame la première dame.

Je ne me souviens de rien. Elle continue :

— Cette chute, mon Dieu ! Apparemment, vous avez fait un malaise vagal et vous vous êtes effondrée dans l'escalier de l'Élysée. Tout s'est passé si vite ! La sécurité n'a rien pu faire. Votre tête a heurté une marche de pierre, et vous êtes tombée dans le coma.

J'apprendrai plus tard que l'ambulance qui m'a transportée était escortée par deux motards. Urgence vitale. Je suis au Val-de-Grâce, l'hôpital attitré des présidents.

— Vous me dites que j'ai failli mourir à l'Élysée ?

Bien que mal en point, je me marre.

— Oui, Marine, je sais pourquoi vous riez ! Un comble pour un reporter de guerre ! Après tout ce que vous avez déjà vécu…

À mon grand regret, je laisse donc la première dame partir seule à Kaboul. J'enrage.

La chute a provoqué de nombreuses séquelles. Malgré mon insistance auprès des médecins, il est pour eux hors de question de me laisser sortir. Il faut avouer que je ne tiens pas debout. Je ne serai donc pas là pour sceller la pierre symbolique de ce qui sera l'œuvre de ma vie. Cette absence me coûtera cher.

Le président m'appelle tous les matins pour prendre de mes nouvelles. Mes parents, Roch et Jean-Franck, mes fidèles, se relaient auprès de moi.

À son retour, Bernadette Chirac vient tout de suite me voir. Elle est heureuse de me montrer les pages de *Paris Match* consacrées à son voyage en terre afghane. À mon chevet, elle me fait la lecture du magazine :

— « Alors pourquoi aujourd'hui Kaboul, me demandez-vous ? Essentiellement parce que Marine Jacquemin, grand reporter à TF1 m'a demandé, il y a dix-huit mois, de l'accompagner à Kaboul, le moment venu, pour y poser la première pierre d'un hôpital pour la mère et l'enfant. Il s'agit d'un projet dont elle a pris l'initiative avec Muriel Robin, en novembre 2001, et qui est porté depuis par l'association Enfants afghans avec le soutien de la générosité de nombreux donateurs privés. »

Elle revient me voir très régulièrement le soir, durant mes trois semaines d'hospitalisation. Avec de nouvelles histoires à me raconter.

— Mon ami François Pinault, impressionné de me voir à Kaboul, m'a téléphoné. « Qu'est-ce que je peux faire pour vous, Bernadette ? Pour votre hôpital ? Je lui ai répondu : « Je vous recommande de rencontrer Marine Jacquemin. Demandez-lui, c'est son idée, c'est son hôpital. »

Et, se penchant vers moi, elle murmure, très agent secret :

— Vous savez ce que j'ai fait à Kaboul ? J'ai écrit votre nom sur un mot signé de la présidence de la République et je l'ai glissé sous la première pierre. C'est symbolique, mais je veux que vous le sachiez.

La gentillesse de son geste me bouleverse et fait de nous des complices. J'avais déjà éprouvé ce sentiment en 1996, lors de la soirée à l'Élysée après l'interview du président. Elle m'avait lancé avec sa verve habituelle :

— Vous avez su élégamment clouer le bec à ceux et celles qui doutaient de vos capacités à réussir cet exercice particulier...

Un autre soir, elle passe une demi-heure avec moi et me dit :

— Surtout n'oubliez pas, ne dites rien à mon mari, il me croit dans ma chambre.

Et le lendemain, comme tous les matins pendant cette période, la voix de baryton de Jacques Chirac :

— Comment allez-vous, ma chère Marine ?

Bernadette Chirac a promis de me présenter à François Pinault. Cela n'a pas été simple, tout le monde rêve de l'avoir pour mécène. L'assistante qui organise mon rendez-vous me prévient :

— Vous n'avez qu'une demi-heure.

— Merci, cela me suffit amplement.

Monsieur Pinault est très concentré sur la fondation d'art contemporain dont il a le projet à Boulogne-Billancourt. Il me montre avec satisfaction les plans de ce nouveau lieu qu'il veut créer sur l'île Seguin. Par chance, grâce à mes amis les Titze, grands collectionneurs, je connais les artistes qu'il souhaite mettre en valeur. Cela nous permet un dialogue nourri. Et régional.

— Vous êtes bretonne ? me demande-t-il.

— Entre autres. La famille de mon grand-père vient de La Forêt-Fouesnant et de Bénodet.

Cette Bretagne commune crée une connivence immédiate. Je resterai plus de trois heures avec lui. Pour nous aider, il me propose d'organiser un tour de table de ses amis, qui produira à peu près 3 millions et demi d'euros. Pluie d'étoiles.

7

Travaux d'Hercule : mines et béton

6 mars 2004

Sur ce qui fut une ligne de front, des centaines d'hommes travaillent à reconstruire ce que la folie des hommes a détruit pendant des décennies.

Lorsque l'équipe Bouygues arrive sur le terrain, les stigmates de la guerre sont encore très apparents : une carcasse de char, des squelettes. Il faut d'abord déminer. J'ai tenu à voir sortir de terre les fondations de ce que je nommerai, dès le départ, mon arme de paix.

Hercule se nomme en réalité Jacques Marcandella et a dirigé des équipes pour Bouygues dans le monde entier. Enthousiaste, il n'imaginait pas construire un jour un hôpital en zone de guerre :

— C'est le premier chantier en gros œuvre en Afghanistan. Il fallait tout réinventer. Les moyens de transport, c'étaient des brouettes. On a dû trouver des camions et des engins de terrassement. C'est très compliqué.

La journée commence très tôt, il y a urgence. Le chantier fait travailler jusqu'à trois cents personnes par jour, ce qui en nourrit près de sept cents en tout. Il sert de lieu d'apprentissage pour des hommes dont la moyenne d'âge est de moins de trente ans. Jacques et ses trois contremaîtres s'investissent beaucoup auprès d'eux :

— Après vingt-cinq ans de guerre, les anciens ont tout oublié et les jeunes n'ont jamais appris. Reconstruire une telle structure médicale est un défi pour eux. Le chantier coule chaque jour cent cinquante tonnes de béton.

Il nous présente un de ses jeunes protégés, en train de faire du ciment :

— Pour nous les jeunes, qui n'avons connu que la guerre, c'est mieux de reconstruire son pays que de le détruire. Ici, on a un avenir. Et surtout on apprend beaucoup sur ce chantier. À chaque problème, Monsieur Jacques nous donne une solution.

Dans une ville où les projets d'importance se sont toujours fait attendre, l'équipe française, c'est du concret. Jacques, un homme d'apparence bourru, ne peut cacher son émotion :

— J'ai ici un chef de chantier qui a eu cinq enfants, dont quatre sont morts, et qui me dit : « Moi, je viens travailler gratuitement si tu le veux, mais au moins faisons quelque chose pour sauver nos enfants ! » Tu te rends compte, Marine, de ce que nous représentons pour eux ? Je suis allé dans leur famille. Ces gens n'ont rien mais ils donnent tout. J'étais sceptique sur ce projet, mais ils m'ont convaincu !

Des femmes venues parfois à pied de tout le pays, et même d'au-delà, arrivent tous les vendredis matin avec leurs enfants aux abords du chantier, pensant que l'hôpital a déjà ouvert :

— Il faut que tu la sauves, me supplie l'une d'elles, en me tendant sa petite fille. On pourra revenir quand dans ton hôpital ?

Je repense au Rwanda où je ne pouvais rien faire. Cette fois, je peux enfin répondre à ces femmes désespérées :

— Bientôt ! Regardez, le bâtiment. Quelques mois encore !

Mais il faut s'armer de patience, de diplomatie et de volonté pour affronter l'inertie, les clans et les soubresauts de l'Afghanistan.

Situé au cœur de l'université de médecine de Kaboul, l'hôpital symbolise aussi la reconstruction du système de formation médicale. Un immense espoir pour de nombreux médecins afghans.

Pendant toutes ces années, je profite de mes reportages sur place pour suivre avec l'équipe de Bouygues l'avancée des travaux. TF1, pour nous aider, diffuse à chaque fois mes sujets. Il m'arrive même de rester quelques jours de plus pour m'immerger dans ce qui devient, pierre après pierre, une réalité. Je pense à Iqbal et Mohamed, dont l'esprit va sauver des milliers de femmes et d'enfants. Bientôt, dans ce même endroit, il y aura aussi une maternité, des dentistes, des ophtalmologistes, et pourquoi pas un jour un CHU ?

8

Les hommes en gris du Quai d'Orsay

Printemps 2004

Ils sont onze autour de la table, tous des hommes en costume gris. Pas une femme à part moi. La réunion se passe dans une annexe du Quai d'Orsay. Martin Bouygues m'a ramenée à la réalité : il faut continuer à se battre pour trouver des fonds.

J'ai face à moi des responsables de l'Agence française de développement, établissement public que je connais depuis mes débuts en Afrique. L'AFD met en œuvre la politique de la France en matière de développement et de solidarité internationale. Un hôpital dans un pays en guerre, on ne peut pas faire mieux ! Je veux savoir ce qui bloque pour qu'ils refusent régulièrement nos demandes d'aide.

J'arrive avec Alain Deloche et Éric Cheysson, qui me disent avoir déjà bénéficié de leurs financements sur d'autres projets. Immédiatement, je sens de l'électricité dans l'air. Les gens de l'AFD n'apprécient manifestement pas mes associés, ils pensaient que j'allais venir seule. L'un des cadres m'interpelle :

— Alors chère madame, parlez-nous de votre petit projet ! Votre petit hôpital.

Son ton paternaliste me déplaît, mais je ne me démonte pas.

— Avec la Chaîne de l'espoir, nous vous avons contactés à plusieurs reprises au sujet de ce projet d'hôpital pour la mère et l'enfant. La construction par les équipes de Bouygues est bien entamée. Bientôt trois ans que nous nous battons. Pourquoi tous ces refus ?

— Vous savez, madame, notre Agence est sollicitée en permanence. Nous avons beaucoup de dossiers en attente, le vôtre en fait partie. Voilà pourquoi nous nous voyons aujourd'hui.

— Dans mon métier, je croise beaucoup d'associations à travers le monde. Vous en financez pas mal. Sans jugement de valeur, souvent des projets moins essentiels qu'un hôpital. Je vous repose ma question : pourquoi pas nous ?

Pendant un quart d'heure, j'argumente sur le bien-fondé de notre demande. Curieusement, Deloche et Cheysson ne disent mot. Leur silence m'étonne, surtout celui d'Alain, toujours prêt à dégainer. Nous quittons les hommes en gris sans réponse concrète. Langue de bois sur toute la ligne. Je suis en colère.

— Mais enfin, Alain, pourquoi ai-je été la seule à parler ? Pourquoi n'avez-vous pas desserré les lèvres ? Vous m'avez laissée en rase campagne face à ces machos.

— N'en fais pas une affaire personnelle, me dit Alain. On les connaît, ces mecs-là. Nous avons déjà eu quelques différends sur d'autres projets.

— Vous auriez dû me le dire ! Je suis passée pour une gourde, j'ai perdu mon temps et je vous ai fait perdre le vôtre. C'est idiot.

Je sors dépitée de ce rendez-vous. Je n'ai pas les codes du *charity business*.

9

L'Aga Khan : prince, princesse et mécénat

Printemps 2004

Depuis sa visite à Kaboul, Bernadette Chirac est très présente dans ma vie. Elle épaule pleinement notre projet. Elle me téléphone un jour, inquiète :

— Marine, je vous vois très investie et très optimiste, mais je me dois de vous mettre en garde. Avez-vous déjà pensé à l'avenir de cet hôpital ?

— Je vous entends, mais pour l'instant je suis concentrée sur la récolte des fonds pour achever la construction. Nous avons réuni 8 millions.

— Formidable ! Mais attention, ce n'est pas tout de construire un hôpital, il faut le gérer et assurer sa pérennité. Les médecins, c'est bien, mais croyez-moi, ce ne sont pas eux qui vont l'administrer. Je vous conseille de trouver des partenaires solides.

Elle m'explique qu'elle a vécu une mauvaise expérience en Afrique. Elle a aidé à construire il y a quelques années un hôpital à Ouagadougou et il a fermé au bout d'un an, faute de gestionnaires et d'argent. Son conseil se révèle essentiel. Il faut que je voie plus loin que l'inauguration.

Si la Chaîne de l'espoir dispose d'équipes médicales formidables, la gestion n'est pas leur spécialité. Ressortant mon carnet d'adresses, je cherche la perle rare et tombe sur un nom prometteur : Basil von Zitzewitz, que j'ai déjà sollicité pour la levée de fonds. Il a une idée de génie dont je le remercie encore aujourd'hui.

Depuis son adolescence, il est proche de la princesse Zahra Aga Khan, fille du prince Karim Aga Khan, chef spirituel des ismaéliens, branche modérée du chiisme. Avec son père, elle dirige la fondation Aga Khan (AKDN), organisation non confessionnelle qui développe des programmes à long terme en faveur des communautés les plus pauvres et les plus marginalisées du monde. Très investie dans le médical, l'AKDN a ouvert un hôpital ultramoderne à Karachi en 1985.

Quand je rencontre la princesse à la brasserie Lipp, à Paris, je la découvre très enjouée. Elle me dit que notre projet tombe à pic. La cause de la mère et de l'enfant est cruciale pour sa fondation, très présente au Pakistan et au Tadjikistan. Encore une étoile décrochée du ciel.

— Nous nous intéressons depuis quelque temps à l'Afghanistan, sans savoir vraiment comment l'aborder. Votre projet me semble exactement correspondre à nos valeurs. Je vous propose un rendez-vous prochain avec mon père.

La fondation a son siège à Chantilly, dont je connais bien le député-maire, Éric Woerth. Lui et sa femme sont des amis de longue date à Chamonix. Il me facilite la rencontre avec Karim Aga Khan.

À la suite de cette entrevue très cordiale, le prince envoie ses équipes visiter notre site, qu'elles trouvent exceptionnel. Nous avions le médical avec la Chaîne de l'espoir, je viens de trouver le gestionnaire : mon rôle de passeuse est terminé. D'autres prennent le relais jusqu'à ce que le contrat soit signé.

Sans la famille Aga Khan, tous les efforts accomplis depuis des années auraient été vains. L'hôpital n'aurait pas pu survivre à de grandes crises politiques ou économiques, comme celles de 2008 ou de 2012.

J'appelle Bernadette pour l'informer de ce partenariat et la remercier très chaleureusement de son conseil. Elle connaît bien la fondation.

— Marine, vous ne pouviez pas mieux tomber ! Comment ai-je pu ne pas y penser moi-même ?

10

Les yeux bandés, suite

Juin 2004

Les yeux bandés, j'avance à l'aveuglette. On m'installe à l'arrière d'un véhicule.

Nous démarrons en premier, suivis d'un autre pick-up, que j'imagine rempli d'hommes en armes. Les deux véhicules soulèvent des nuages de poussière dont j'avale des bouffées à m'en étouffer.

Dans l'habitacle, personne ne bronche. Nous avançons à allure régulière, sans heurts. Les talibans ont l'air de connaître chaque virage, chaque nid de poule. La route à flanc de montagne que nous commençons à gravir est pleine d'ornières. Ici, la terre boueuse sèche en quelques heures.

Au moment de partir, les militaires français m'ont regardée avec appréhension. Pourquoi laisser partir cette femme couvrant si mal son visage en pays taliban ? Qu'est-ce qu'on est venus foutre là ? À leur décharge, je ne leur ai donné aucun détail. L'opération est secrète.

Cela doit faire dix minutes que nous sommes en chemin quand la voiture ralentit, puis emprunte une piste plus sinueuse qui monte à flanc de vallée et nous conduit au point de rendez-vous.

Ce que je n'ai pas dit aux militaires inquiets, c'est que j'ai regardé la carte de la région avant de partir : j'en ai appris les grandes lignes par cœur. Ces pistes défoncées, je les pratique depuis deux décennies. C'est la base de mon métier, savoir où je suis et sur qui je peux compter.

Soudain, sans prévenir, nos véhicules freinent. Mon ventre se tord. Cette douleur prémonitoire est ma plus vieille compagne. Crépitements dans les talkies-walkies des talibans qui semblent sur leurs gardes, cliquetis des culasses d'armes.

« Ça va, tout est sous contrôle », me répète ma voix intérieure. En vérité, la peur monte. Nous sommes convenus avec les forces d'intervention françaises que si je ne suis pas revenue au point de rendez-vous ou que je n'ai pas donné signe de vie d'ici une heure ils interviendront.

Mon traducteur m'inquiète, je sens sa panique. Et si les choses tournaient mal ? J'ai aussi peur que lui mais je m'appuie sur mon instinct.

Je ne suis pas une tête brûlée, mais aujourd'hui l'enjeu est essentiel. Il y a eu un attentat dans le voisinage de la maison où loge le personnel de Bouygues, ce qui aurait pu interrompre notre projet. Je suis venue pour négocier la paix et pour qu'on ne nous prenne pas pour cibles.

Je n'avais pas prévu d'être encadrée par des militaires pour aller à la rencontre d'un des grands chefs talibans dans un village isolé. Ce rendez-vous a été organisé par l'entremise d'un informateur en qui j'ai la plus grande confiance. Nous nous connaissons depuis des années, avons travaillé ensemble en Irak comme à Gaza, et il s'est porté garant auprès des talibans du sérieux de mon travail. Et s'il s'était fait avoir ? Si je n'étais qu'une prisonnière de guerre à transformer en monnaie d'échange ou à liquider ?

Je suis à la merci d'hommes inconnus, dans la nuit complète de mon bandeau depuis un bon quart d'heure. Je sais que le temps m'est compté. Que se passe-t-il ? Notre véhicule est arrêté au milieu d'une piste de montagne. Pourquoi ce silence de mort ? Ma peur me rappelle qu'en un clin d'œil, tout peut basculer dans ce pays clanique.

Suis-je inconsciente de leur faire ainsi confiance ? Je n'ai pas le choix. Pour aller au bout de ses idées, il faut parfois serrer la main au diable.

Je sens une haleine tout près de mon visage. On me pousse hors du véhicule. En retrouvant enfin la vue, je découvre une grande pièce aux vitres obstruées. Une table au milieu et quelques chaises. Autour, une dizaine de barbus armés. Je ne connais pas la position de mon interlocuteur dans la hiérarchie talibane, mais je vais droit au but : je n'ai que peu de temps pour m'exprimer avant que les militaires français ne débarquent si la situation tourne au vinaigre. Je le regarde dans les yeux et me lance :

— J'ai confiance en vous et en votre parole.

— Je sais qui vous êtes, me répond-il, mais je n'ai confiance qu'en Allah. Je vous écoute.

Derrière lui, je regarde ses hommes enturbannés, kalachnikov à la main.

— Nous construisons actuellement un hôpital pour enfants à Kaboul. Des investisseurs français me suivent. Je veux que cet hôpital soigne les enfants d'Afghanistan sans exception, les vôtres comme ceux des autres.

Il caresse sa longue barbe et me fixe de ses yeux noirs. Ses cerbères me scrutent des pieds à la tête. Je poursuis.

— Il y aura deux règles. La première : les hommes déposeront leurs armes à l'entrée de l'hôpital, une armurerie sera installée pour ça. La seconde : les femmes laisseront leur burqa au vestiaire.

Il tourne son regard quelques secondes vers mon traducteur puis vers moi.

— Impossible. C'est contraire à la loi islamique. Les femmes doivent préserver leur pudeur.

— Notre hôpital sera construit aux normes occidentales, antisismiques autant que sanitaires. Il est essentiel que le personnel féminin porte des vêtements stériles. Une burqa ne convient pas. C'est du domaine de la vie privée.

Il me regarde, intrigué, sans rien dire. Cela me surprend, j'étais sûre qu'il m'enverrait balader. Je n'insiste pas, il sera toujours temps de renégocier le moment venu. Être là, c'est un peu comme jeter une bouteille à la mer. Pour cet hôpital, je suis prête à tout. Pas de droit à l'erreur.

Mon traducteur note fébrilement les propos échangés pour mieux les traduire. Des gouttes de sueur tombent sur son carnet.

Je rappelle au chef taliban que la mortalité infantile de son pays est l'une des plus élevées dans le monde. Une maladie me bouleverse particulièrement, la maladie bleue, conséquence de certaines malformations cardiaques. Le sang, mal oxygéné, donne une coloration bleue à la peau. Il m'écoute, impassible. Je continue avec passion. Il doit le sentir.

— Elle a été éradiquée en France dans les années 1950. Notre hôpital sauvera beaucoup d'enfants dans votre pays.

Il ne commente pas. En plus d'être taliban, il est peut-être normand : ni oui ni non. L'ai-je convaincu ?

Je suis surprise de ne pas avoir besoin d'argumenter davantage, bien heureuse déjà qu'il m'écoute, flanqué de ses soldats de Dieu, le doigt sur la détente. Le bien-être des populations ne m'a jamais semblé leur priorité. Être une femme et parler des enfants semble pourtant jouer en ma faveur. Me regardent-ils comme une mère, une sœur, une fille ? Ma blondeur ajoute-t-elle à leur perplexité ? Ils ne laissent rien paraître. L'heure est à la négociation.

C'était presque trop beau. Je sens brusquement une tension. Le chef taliban fronce les sourcils, hausse le ton. Je ne comprends pas pourquoi, Nour non plus. Quelque chose qui nous échappe vient de se passer. Nous les entendons marmonner quand soudain mon interlocuteur interpelle Nour. L'échange semble musclé, et Nour apeuré. Je veux comprendre :

— Nour, qu'est-ce qui se passe ? Traduis-moi !

Il me dit que le taliban est furieux. Quelqu'un dans mon hôtel m'aurait entendu me vanter de ce rendez-vous. Heureusement, ce genre de colère ne m'impressionne pas, au contraire :

— Nour, réponds-lui que les mauvaises langues et les jaloux sont capables de tout. Pourquoi aurais-je mis notre rendez-vous en péril ? C'est une rumeur que je n'ai pas à commenter.

Le tact de Nour dissipe la tension.

— Il ne semble pas s'opposer à ce projet, me dit-il. Mais je suis certain qu'il n'est pas le seul à décider. Il va te falloir attendre une confirmation, si elle vient un jour.

Les militaires français sont soulagés de me voir revenir cinquante-cinq minutes plus tard, montre en main. Ils ne me posent aucune des questions qui leur brûlent les lèvres.

En 2022, le hasard me fera croiser l'un d'entre eux à Chamonix. Je lui donnerai enfin la réponse à leurs interrogations.

11

Voyage choc : une humoriste à Kaboul

Février 2005

Muriel Robin est restée neuf mois à temps plein avec nous, le temps d'une gestation, et son nom nous porte toujours autant. Peu avant l'inauguration, je lui propose de voir l'hôpital enfin devenu réalité.

Nous nous envolons pour Kaboul, avec Éric Cheysson qui tient à nous accompagner. Muriel me bluffe : elle a le courage de venir dans ce pays formellement déconseillé par le Quai d'Orsay. Elle raconte cette rencontre avec les Afghans dans son livre *Fragile* :

> Un jour, en allant rejoindre le périmètre de l'armée française, nous tombons sur les restes d'un meuble genre Ikea avec un oreiller fait de chiffons à l'intérieur. Un enfant y loge. Comme il s'approche de nous pour nous expliquer que c'est sa maison, nous engageons un semblant de conversation où toutes les langues se mélangent un peu. Quand on lui demande ce qu'il voudrait, ce qui lui ferait plaisir, il ne demande pas des cigarettes ou des bonbons, mais un stylo parce qu'il voudrait apprendre à écrire. [...]. Ce voyage, c'est un des grands chocs de ma vie. Nous débarquons dans une ville en ruine, il fait moins vingt degrés et les enfants, les familles que nous croisons sont habillés de guenilles et marchent pieds nus dans

> des claquettes. Je me rappelle que tout au long de la traversée de Kaboul, je passe mon temps à me répéter silencieusement : « Qu'est-ce qu'on a bien fait de faire un hôpital ici ! Qu'est-ce qu'on a bien fait ! » Et j'embrasse Marine.

C'est une grande satisfaction pour moi que Muriel ait accepté ce voyage. Elle rencontre enfin tous ceux et celles pour qui nous nous sommes battues. Le chantier a compté jusqu'à quatre cents ouvriers. Muriel ne parle pas leur langue, mais ils ont compris l'essentiel, son cœur immense et ses éclats de rire pour apaiser leurs souffrances.

Elle constate sur place ce que je lui répète depuis des années : les Afghans n'ont aucune envie particulière de venir en France, comme beaucoup d'autres populations en détresse. On ne quitte pas son pays lorsqu'on a d'autres choix. Construire cet hôpital a pu permettre à des milliers de malades de rester chez eux, d'échanger dans leur langue avec les soignants et leur a épargné surtout le déchirement de laisser derrière eux ceux qu'ils aiment.

Quand je pense aux milliards dépensés dans le militaire alors que toutes les infrastructures essentielles manquent…

Investir dans la santé, c'est redonner une dignité à un pays, du travail à un peuple et éviter bien des migrations.

12

Inauguration : le bal des imposteurs

8 avril 2006

L'établissement de quinze mille mètres carrés a été construit en quatre ans. Pour le réaliser, nous aurons réuni environ 30 millions d'euros en dix ans. Plus de huit cents personnes y travaillent, dont 90 % d'Afghans. Il compte plus de cent cinquante lits, quatre salles d'opération, une unité de soins intensifs. Pour des milliers de consultations et d'opérations chaque année.

L'inauguration a lieu en avril 2006. Je suis présente, Muriel n'a pas pu se déplacer. C'est peut-être mieux pour elle car j'ai l'impression que nous n'existons plus. Cela me fait mal en silence.

Même le journaliste de TF1 qui fait le reportage gomme mon nom et ma présence dans son sujet. Seule Laurence Ferrari, dans son lancement, a l'honnêteté de rappeler que Muriel et moi sommes les mères porteuses de cet hôpital.

Le bal des imposteurs peut commencer. Hormis les hommages mérités à Bernadette Chirac et au prince Karim Aga Khan, les lauriers attribués aux tard-venus dans le projet me sidèrent. Éric Cheysson ne manque pas de féliciter un ministre qui m'avait refusé son soutien et qui a pris, sans le moindre scrupule, un avion aller-retour pour être sur la photo. Jacques Marcandella, le conducteur des travaux, me sourit. Il a la chance d'être cité. Et c'est lui qui rappelle mon rôle essentiel et celui de Muriel dans la gestation et la réalisation de l'hôpital, et lui encore qui me fait rejoindre l'estrade.

Je le remercierai plus tard tant cette comédie m'afflige. Tellement de tartuffes dans cette récupération auto-satisfaite : un projet collectif ne peut pas devenir le faire-valoir individuel de certains ego. Mais je me tais. L'hôpital existe, c'est ce que j'ai voulu. Je ne dois pas me priver de ma joie.

Tous se précipitent ensuite à la garden-party organisée par Karim Aga Khan. Je préfère rester seule un moment. Je contemple ce bâtiment qui va sauver des vies, grâce à Iqbal et Mohamed. J'appelle Muriel sans lui donner les détails. Je la sens triste de ne pas être avec nous. J'appelle aussi Martin Bouygues, qui fuit ces cérémonies et préfère agir dans l'ombre. Muriel, Martin, tous les Afghans qui ont reconstruit ce qu'ils avaient détruit... Les acteurs principaux de ce miracle en sont les grands absents.

Et il serait bon et juste un jour de rendre hommage à Iqbal et Mohamed en posant à l'entrée de l'hôpital une plaque à leur nom.

13

La Chaîne de l'espoir : transmission

Fin 2006

— C'est un grand jour pour moi. Je suis un peu stressé, mais ça va. C'est formidable, ce qui arrive pour l'Afghanistan !

La journée qui commence restera gravée dans la mémoire du docteur Hashmatullah Nawabi, qui me livre ainsi à chaud ses impressions. Il est chirurgien cardiaque et travaille en binôme avec le docteur Gérard Babatasi, chirurgien très expérimenté du CHU de Caen. Nawabi l'a déjà assisté pour vingt-deux opérations à cœur ouvert. Aujourd'hui, c'est lui qui prend les commandes.

— Nawabi est le premier chirurgien afghan à opérer à cœur ouvert, nous explique son mentor. On est très fiers. Il est venu en stage à Paris et il a si rapidement franchi les étapes que c'est lui le référent de l'hôpital maintenant.

Cet Afghan a travaillé dix ans dans un centre médical à Bonn et il a voulu revenir servir son pays dès qu'il a entendu parler du projet de l'Institut français pour la mère et l'enfant.

— Le docteur Babatasi est un formateur hors pair et sans son aide je n'aurais jamais pu opérer un enfant à cœur ouvert ici, dans mon pays.

Gérard Babatasi renchérit :

— C'est un compagnonnage, la chirurgie cardiaque. Il y a un peu de théorie et beaucoup de pratique. Avant de pouvoir opérer, il faut assister à pas mal d'interventions compliquées. La chirurgie fait partie des métiers dits manuels où l'on progresse étape par étape, comme la mécanique.

Ce qui m'émeut, à chaque opération, et j'en ai déjà suivi beaucoup ici, à Kaboul, dans toutes les spécialités, c'est cette transmission. Dans la maison des médecins, les équipes se succèdent à un rythme régulier toutes les deux semaines environ. On opère en moyenne trois enfants par jour. Esther, Aude, Isabelle, les missionnaires du jour viennent de Caen, comme le Dr Babatasi. Ils sont une dizaine, tous bénévoles, chirurgiens, médecins, anesthésistes, infirmières, pharmaciennes, aides-soignantes, tous venus ici risquer leur vie pendant leurs vacances, leur retraite... Ils sont là non seulement pour sauver des vies mais aussi pour reconstituer un monde médical : guerre après guerre, les savoir-faire se sont perdus. Ici, ils réalisent à la lettre le précepte de Confucius : « Quand un homme a faim, mieux vaut lui apprendre à pêcher que de lui donner un poisson. »

Je me souviens d'Aude, une infirmière, qui me parlait avec passion des défis de son travail :

— On ne traite pas le matériel comme à Caen. On hésite un peu à utiliser une seringue de plus. On se remet en question : comment organiser nos soins en utilisant le minimum de matériel sans prodiguer des soins au rabais ?

Elle découvrait aussi une autre image du peuple afghan, un sens de la famille qu'elle n'avait pas imaginé :

— Je ne sais pas si c'est un amour différent. Ici, les enfants ne sont pas gâtés ni couverts de cadeaux, mais les parents leur offrent leur présence et leurs soins constants. Leur angoisse est plus intense car ils ne comprennent pas tout ce qui se passe.

J'ai aussi une fascination particulière pour le personnel afghan qui fait tourner l'hôpital à 90 % et progresse rapidement. J'observe ces jeunes médecins, ces infirmières, ces aides-soignants, et j'admire leur soif de connaissance. Ils savent que nous ne serons pas toujours là pour les aider, vu les aléas de leur pays. Ils ne demandent pas la charité, ils veulent juste apprendre. Ce qui me touche aussi est que parmi les centaines d'employés de l'établissement les femmes trouvent leur place dans tous les métiers, elles qui ont si longtemps été privées d'école. Pourvu qu'elles puissent rester !

Voyage après voyage, je découvre aussi un jeune Allemand étonnant : Alexander Leis vient d'être nommé à la tête de notre hôpital. Son engagement me rappelle les débuts de l'humanitaire Alberto Cairo. Il me plaît, il me bluffe. Il a une telle empathie et de telles compétences médicales que je suis rassurée : l'hôpital va prospérer. Discret et modeste, il y restera une dizaine d'années.

14

Miroir, mon beau miroir : mauvaise blague

Été 2008

En pleine chimiothérapie, je viens de perdre dix-huit kilos à la suite de ma deuxième opération du côlon. Je me bats, il n'est pas question que cette sale maladie m'emporte. Mais au cas où, comme je n'ai pas toujours été une enfant sage, il faut que je me prépare à rencontrer l'Éternel.

Je me regarde dans le miroir, cadavérique. Aucun doute, je ne suis pas la plus belle du royaume ! Mais pas la plus méchante non plus.

Je m'interroge : « Qu'as-tu fait de ta vie ? Que vas-tu laisser, toi, sans enfants ? »

La réponse me saute aux yeux : « Sans enfants ? Des milliers vivent aujourd'hui grâce à l'hôpital que j'ai voulu si fort. »

Ça devrait suffire pour le paradis.

15

Nicolas Sarkozy : action, réaction

Juin 2010

Notre projet comprend aussi une maternité qu'il est temps de construire mais deux obstacles se présentent à nous : d'une part les finances sont critiques, d'autre part Bouygues s'est retiré du projet face aux risques accrus d'attentats. Il me faut repartir à la conquête des porte-monnaie. Mon échec face aux hommes en gris du Quai d'Orsay ne passe pas. Connaissant les rapports d'amitié entre Martin Bouygues et Nicolas Sarkozy, je me dis qu'il vaut mieux se fier à Dieu qu'à ses saints. Je contacte Martin, si fidèle depuis le début. Il me répond tout de suite :

— Je pars au Turkménistan ce soir. Je vous promets que sous une quinzaine de jours vous rencontrerez Nicolas Sarkozy.

Le hasard fait que quelques jours plus tard je suis à l'Élysée. Mon ami Philippe Delmas, vice-président d'Airbus, reçoit la Légion d'honneur des mains du président. Nous sommes une centaine d'invités. À la fin de la cérémonie, comme souvent, tous se précipitent pour la primeur et l'honneur d'une petite phrase. Le président est trop entouré pour que je l'aborde. Je suis sur le point de partir lorsque Nicolas Sarkozy me fait signe. Je me retourne, croyant qu'il s'adresse à quelqu'un d'autre. Il s'approche de son pas décidé et me lance :

— Alors, Marine, vous deviez m'appeler ! J'ai eu Martin qui m'a dit que vous cherchiez à me joindre.

— Ah ? Il vous a déjà exposé mon problème ?

— Oui. Appelez-moi cet après-midi !

Ce que je fais. Sa secrétaire est au courant :

— Vous avez rendez-vous samedi à 17 heures dans les jardins de l'Élysée. Seule ou accompagnée.

— Je viendrai avec le professeur Deloche et le docteur Éric Cheysson.

Samedi après-midi, 17 heures.

Arrive Nicolas Sarkozy, décontracté, en bras de chemise, avec ses habituelles Ray Ban et un sourire très accueillant. Il nous salue.

— J'ai eu Martin Bouygues ce matin pour lui dire que je vous recevais cet après-midi. Il m'a dit que vous étiez très mécontente du sort que l'AFD réserve à votre hôpital. Alors, chère Marine, par où commencer ?

— Nous avons vu à plusieurs reprises des responsables de l'AFD. Avant la mise en marche de l'hôpital, ils trouvaient notre projet « intéressant mais fragile. » Là, notre hôpital fonctionne depuis des années. Nous les sollicitons pour la maternité : nouveau refus. Je vais être cash avec vous, monsieur le président, il me semble que leurs subventions vont plus régulièrement à l'éducation. C'est incompréhensible alors que les écoles afghanes sont fermées.

Le président se tourne vers le célèbre chirurgien cardiaque :

— Alors, professeur, expliquez-moi.

— Monsieur le président, pourquoi l'Afghanistan, me direz-vous ? C'est une bonne question. D'abord, ce pays nous a toujours intrigués. Lorsque j'étais French Doctor, il y a vingt-cinq ans…

Le président lui coupe la parole.

— Écoutez, cher Alain Deloche, je sais qui vous êtes, inutile de me le rappeler. Croyez-vous franchement que le président de la République vous reçoit un samedi après-midi à 17 heures pour vous écouter parler de vous ? Carla m'attend. Alors, Cheysson, cet hôpital ?

— Tout d'abord, merci, monsieur le président, de nous recevoir cet après-midi, malgré vos occupations, c'est un honneur… Pour commencer, ce que je veux vous dire, c'est que l'Afghanistan est un terrain compliqué…

Je commence à paniquer, le président à s'agacer. Il se tourne vers moi :

— Marine, la synthèse !

Je lui déroule la bobine :

— Nous avons besoin d'un terrain mitoyen de l'hôpital pour construire la maternité. Il faut que vos services organisent un rendez-vous urgent avec le président afghan, Hamid Karzaï. Cela dépend de lui. L'aide financière de l'AFD est cruciale, et nous ne l'obtenons pas.

D'un ton enjoué, le président s'exclame :

— Vous ne pouvez pas mieux tomber ! Je dois appeler le nouveau président de l'AFD, que je viens de nommer il y a une semaine.

Il demande à sa secrétaire de le joindre au téléphone. J'apprécie sa réactivité et sa rigueur. Et il me fait rire.

— Bonjour, c'est Nicolas Sarkozy. Je vais être rapide. J'ai en face de moi Marine Jacquemin qui m'exprime sa colère et celle de la Chaîne de l'espoir. Voilà six ans qu'ils demandent une aide à l'AFD, elle leur est toujours refusée. Ils s'en étonnent. Ils ont besoin de fonds pour construire la maternité de leur hôpital à Kaboul. Je compte sur vous. Marine vous appelle lundi matin.

Il se tourne vers son sherpa et conseiller diplomatique, Jean-David Levitte.

— Jean-David, je vous nomme responsable de ce dossier. Je compte sur vous pour des résultats rapides.

Le président de l'AFD nous reçoit dès le lundi suivant et nous accorde le budget providentiel : 9 millions d'euros. Bingo ! Une étoile supplémentaire. Une fois de plus : merci, Martin Bouygues.

16

Muses et mufles

Décembre 2023

Un jour une maman soulagée dont la petite fille venait d'être sauvée par une opération à cœur ouvert à Kaboul m'a dit : « Un pour cent de votre richesse ferait notre bonheur. » Je n'ai jamais oublié.

En près de vingt ans, l'hôpital français a permis de sauver des dizaines de milliers de vies. Cet engagement m'a comblée au-delà de ce que j'espérais.

L'hôpital fonctionne toujours aujourd'hui, malgré le choc du retour des talibans, en août 2021. Une jeune Française courageuse et déterminée, Sonia Cautain, a la lourde charge de continuer à le faire vivre envers et contre tout. Je l'interroge régulièrement pour faire le point. Elle m'explique :

— Sur huit cents employés, toutes catégories confondues, cent quatre-vingts ont émigré. La bonne nouvelle, c'est que tous les postes occupés par des femmes ont été sécurisés. Elles continuent de travailler. Certaines incertitudes planent cependant pour l'avenir : l'hôpital ne peut plus prendre d'internes femmes pour les filières de spécialisation, d'où un risque de fragilisation pour la formation.

Toutes les informations que je reçois de mes amis de Kaboul me confortent sur le rôle essentiel que l'hôpital français continue à jouer : le nombre de patients a quadruplé depuis plus de deux ans. Au prix de la peur, la sécurité étant à peu près revenue en Afghanistan, ils viennent de toutes les provinces, tant les hôpitaux publics sont démunis.

La sévérité de la crise humanitaire empêche de nombreux patients de subvenir à leurs frais de santé, mais l'établissement prend en charge les plus vulnérables selon le système de sécurité sociale mis en place par la fondation Aga Khan.

Avec trois mille actes chirurgicaux par an, l'hôpital est devenu une bulle d'expertise qu'il faut préserver à tout prix : une immense satisfaction pour moi. Quoique...

Après l'inauguration, j'ai passé le relais en toute confiance aux professionnels de la médecine. Je m'étais suffisamment mise en avant pour la levée de fonds. Je suis retournée dans l'ombre avec la satisfaction de la tâche accomplie. Mon cancer m'a ensuite tenue éloignée plus d'un an de l'Afghanistan. Lorsque j'ai voulu reprendre mon rôle de communication pour l'hôpital au sein de la Chaîne de l'espoir, on m'avait remplacée, sans aucun égard. Ils m'avaient déjà enterrée.

J'ai hurlé en silence.

Mais je me suis tue pour préserver l'image de l'hôpital.

Je me suis tue aussi en juin 2010 quand « on » a oublié de m'envoyer un chauffeur à l'aéroport de Kaboul. Elisabeth Quin, qui m'accompagnait, a heureusement pris les choses avec humour, comme en atteste son article paru dans *Madame Figaro* le mois d'août suivant : « La voiture de l'hôpital qui était prévue n'est pas là, il n'y a pas de taxi, nous décidons donc de faire du stop ! Marine compte sur son instinct [...]. L'enlèvement d'étrangers est un risque majeur en Afghanistan. Ce ne sera pas pour cette fois-là... »

Malgré ces mesquineries récurrentes, rien n'entame mon engagement. Je retourne régulièrement sur place, notamment pour filmer *Retour à l'hôpital français de Kaboul*, diffusé sur TF1 en avril 2018. J'ai voulu montrer à tous les téléspectateurs qui avaient soutenu le projet à ses débuts les fruits de leur générosité. J'ai fait le voyage avec deux formidables chirurgiens de la Chaîne de l'espoir, Sylvain et Dominique Chauvaud.

L'hôpital a atteint ses objectifs : le personnel formé est en grande majorité afghan. C'est à présent le chirurgien Najeebullah Bina qui opère les cœurs et que je suis pas à pas dans mon documentaire. Tous les maillons de la Chaîne répondent encore présents, au péril de leur vie. À chaque voyage depuis le retour des talibans, la même émotion m'étreint à voir ces murs qui tiennent.

Il n'y a pas très longtemps, sachant que j'écrivais un livre sur mon parcours et croyant me faire plaisir, une amie m'offre un livre qui parle de la médecine en Afghanistan. Quelle n'est pas ma surprise de découvrir que l'auteur s'y attribue en bonne part l'idée et la construction de l'hôpital français de Kaboul.

Il y parle entre autres de ses « trois muses » : Claire, Marine et Muriel.

Ses trois muses ? Et pourquoi pas les Trois Grâces de Botticelli qui batifolent dans les bois, tant qu'il y est ?

Je lis, je relis, je cherche la définition du mot. Un sens figuré m'échappe peut-être... Muse : une source d'inspiration passive pour l'artiste, le vrai génie créateur.

Ben voyons !

Je n'ai pas vu beaucoup de muses dans cette odyssée, plutôt quelques mufles à la mémoire courte. Une fois la surprise passée, je prends enfin la mesure de la violence de ces mots. Que fait-il du travail collectif qui nous a tous fédérés ? Je vis aussi très mal ses omissions irrespectueuses de la mémoire d'Iqbal et de Mohamed, dont les morts brutales sont à l'origine de tout le projet.

À l'époque de l'inauguration, j'ai bien senti que certains gonflaient leur rôle dans cette réalisation. Je n'ai rien dit. L'important était que l'hôpital fonctionne. Dénoncer les attitudes égocentriques de quelques acteurs de l'humanitaire ? Impossible ! C'est se tirer une balle dans le pied, risquer que les gens arrêtent de donner, que le projet s'effondre. Ce pour quoi on se bat. J'ai passé outre durant toutes ces années, avec pour seul mantra : Avancer ! Avancer !

Pourtant, beaucoup de ceux et celles qui ont participé en première ligne à ce projet m'ont reproché mon silence : « Marine, cet hôpital, depuis le début, c'est le projet de ta vie ! Pourquoi t'es-tu toujours effacée ? Tu cautionnes ces élucubrations ? »

Non, je ne cautionnais pas.

Je suis tellement exposée à la violence dans mon métier que j'ai développé une tolérance excessive à l'insupportable. J'ai tellement pris sur moi. J'ai longtemps voulu croire que cela ne m'atteignait pas. Pourtant, les dégâts psychologiques liés à cette totale dépossession, à cette négation de l'autre sont bien là. Indéniables.

Pourquoi parler aujourd'hui ? Parce qu'il est temps d'exprimer une colère saine, refoulée depuis des années.

J'écris ma vie, je libère ma vérité, je reprends ma juste place.

Janvier 2024

Je suis à l'étranger lorsque je reçois plusieurs appels paniqués des personnels de la Chaîne de l'espoir. Ils m'alertent :

— Marine, c'est très grave. Tu dois être au courant que les talibans ont investi l'hôpital pour en prendre la direction. Les gens de la fondation Aga Khan ont été priés de faire leurs bagages. On ne sait pas ce qui va arriver aux femmes. Avec tous tes contacts sur place, peux-tu faire quelque chose ?

Mon premier réflexe est d'appeler Sonia, qui me rassure immédiatement :

— C'est délicat, il faut surtout garder son calme. Cette situation nouvelle va peut-être permettre au gouvernement des talibans de comprendre la spécificité de l'hôpital et le rôle primordial de notre partenariat avec l'Aga Khan, qui devrait revenir début février.

Je lui fais confiance : depuis le temps qu'elle est en Afghanistan, elle saura gérer cette crise avec lucidité, pragmatisme et diplomatie.

Je repense au dialogue que j'ai eu avec le prince Karim Aga Khan lors d'un dîner à Chantilly, avant la pandémie. Lorsque j'évoquais déjà la possibilité d'un retour des talibans, il m'a rassurée :

— Ne vous inquiétez pas, Marine, l'hôpital nous survivra.

Épilogue

La prof de Cologne n'a rien lâché.

J'ai fait le pari de lui faire confiance. Je lui ai donné les clés de ma cave et quelques secrets de ma vie.

Elle m'a redonné à lire chaque étape du voyage : bulletins scolaires, carnets d'Asie, d'Afrique, cahiers de reportages, lettres jamais ouvertes. Elle a numérisé mes VHS et CD-Rom, déterré des joies et des drames que j'avais oubliés, déniché les trésors de mes disques durs et de mes placards, les brouillons d'e-mails, les procès-verbaux, les photos, retranscrit discours et interviews, retracé la chronologie de mes souvenirs intacts mais épars, articles et vidéos à l'appui. Sa soif d'exhaustivité a répondu à mes craintes d'inexactitude. Plus de place au doute : tout est documenté.

Mars 2024

Je parcours tous ces chapitres que j'ai mis tant d'années à accepter d'écrire.

Je regarde enfin cette femme reporter, qu'au fond je ne connaissais pas. J'ai vécu en elle, je suis elle, pourtant.

J'ai tracé ma vie au jour le jour, sans jamais me retourner. En revisitant le passé de cette femme que je n'aimais pas particulièrement, je me dis : « Quand même, quelle vie ! » Et quand je vois le nombre de fois où j'ai échappé à ceci, à cela, à la mort surtout, pas seulement dans les zones de guerre, mais aussi avec cette corde qui lâche en montagne, cette bouteille d'oxygène défectueuse en plongée sous-marine, cette chute dans l'escalier de l'Élysée, ce cancer qui a failli me terrasser ou, comme à Noël dernier, ce vélo qui m'a violemment fauchée en bas de chez moi, je me dis : « Merde ! Comment ai-je survécu ? »

J'ai eu une chance insensée.

J'ai eu une vie incroyable.

Je ne réalise pas encore vraiment tout ce que cela implique. Peut-être qu'à la parution de ce livre je me sentirai allégée. Peut-être lâcherai-je prise sur tout ce que je me cache encore. Je sens que je vais finir par me rencontrer.

J'ai croisé le pire et le meilleur du monde, j'ai croisé des gens qui m'ont fait rêver, des gens extraordinaires. J'ai éprouvé toute la gamme des sentiments possibles. J'ai souffert, j'ai pleuré, j'ai perdu tant d'amis, j'ai connu la joie et le bonheur d'aimer et d'être aimée. J'ai vécu. Et je suis là.

Je suis là, j'apprécie ce que la vie m'a donné au jour le jour et ce qu'elle me donne encore.

J'ai suivi le vent des guerres toute ma vie. À présent, j'aspire à la paix.

Je repense à ces lignes du livre *Je voulais voir la guerre*, écrit par ma grande amie romancière et photographe de guerre, Isabel Ellsen, partie trop tôt :

« Il y a, devant ma porte, un homme confiant et souriant. Il a, dans sa tête, des promesses de bonheur [...] Viens, il fait beau, il fait doux, les gens se promènent, main dans la main, il y a d'autres photos à faire, d'autres regards, d'autres sourires, d'autres façons d'aimer, sans souffrir et sans mourir un peu, il y a des pays sans guerres, des nuits sans cauchemars, du sable sans la boue, des amours sans la haine, des valises sans angoisses, il y a la vie, viens, viens... »

Remerciements

Un merci très particulier à Mélanie Freynet de m'avoir tenu la main, sans faillir, du début à la fin de cette longue traversée.

Merci à Denis Gombert de m'avoir remis le pied à l'étrier.

Merci à Jean-Michel Boissier et à Joy Fleury pour leurs yeux de lynx et la finesse de leurs corrections.

Et je n'oublie pas tous ceux qui m'ont suivie fidèlement dans cette aventure : Lorraine A., Viviane S., Claudine P., Anne de B., Benjamin L., Yves P. Merci.

Merci à Caroline Boidé pour sa collaboration.

Merci à toutes les équipes qui ont cru en moi et m'ont longtemps accompagnée sur tous ces terrains à risque. Ils se reconnaîtront.

Merci enfin aux traducteurs, fixeurs, chauffeurs pour leur courage et leur générosité. Nous les laissons toujours à regret dans le chaos de leur pays. Nos destins sont scellés.

Table des matières

Prologue 9

Première partie
Destin d'une femme

1. Baptême du feu 15
2. Garçon manqué 19
3. Michel : ma révélation africaine 27
4. Tour du monde et premiers pas 35
5. Roch, mon coup de foudre 41
6. Endométriose : une malédiction 45
7. Guerre civile au Liban 51
8. Paix des âmes au bord du Gange 61
9. Terreur sur Paris 65

10. Chute du mur de Berlin 73

11. Embrasement dans le Golfe 79

12. Polygone de la mort en URSS 93

13. Assassinat du juge Falcone 97

14. Putsch à Moscou 105

15. Mitterrand : derniers voyages 111

16. Génocide au Rwanda 121

17. Arafat, espoirs déçus à Gaza 133

18. Morts pour rien en Tchétchénie 141

19. Retours de front 155

20. Voile noir sur l'Afghanistan 159

21. Chirac : voyage au bout du RER 177

22. Embargo sur l'Irak 185

23. Djakovica-sur-Glane 197

24. Jean-Franck, ma passion de la montagne 205

25. Mensonge d'État à Washington 209

26. Harcèlement 219

27 Femmes reporters de guerre........................ 229

28 Grand reporter : ma profession de foi......... 239

29. L'après-TF1 : mes autres guerres................. 249

Seconde partie
Épopée d'un hôpital

1. Les yeux bandés : négociations secrètes......... 259

2. Le 11 Septembre : effet papillon.................... 261

3. Les Chirac : aide au sommet........................ 273

4. Muriel Robin : mon bulldozer....................... 275

5. Michèle Alliot-Marie : le cœur de l'armée..... 279

6. Première pierre et sortie de piste 283

7. Travaux d'Hercule : mines et béton............. 289

8. Les hommes en gris du Quai d'Orsay 293

9. L'Aga Khan : prince, princesse et mécénat.... 295

10. Les yeux bandés, suite 299

11. Voyage choc : une humoriste à Kaboul....... 305

12. Inauguration : le bal des imposteurs........... 307

13. La Chaîne de l'espoir : transmission............ 309

14. Miroir, mon beau miroir :
mauvaise blague.. 313

15. Nicolas Sarkozy : action, réaction............... 315

16. Muses et mufles.. 319

Épilogue.. 325

Remerciements.. 329

Composition et mise en pages
Nord Compo à Villeneuve-d'Ascq

Imprimé en France
par la Nouvelle Imprimerie Laballery
rue Louis Blériot 58500 Clamecy
août 2024 - N° 407675

La Nouvelle Imprimerie Laballery est titulaire de la marque Imprim'Vert®